300

MULTIPLE-CHOICE-ÜBUNGSAUFGABEN

FIT FÜR DEN LUXEMBURGISCH-SPRACHTEST

Jackie MESSERICH

Deutschsprachige Fassung von
Susanne Gagneur

Der Sprachverlag

Körnerstraße 12
50823 Köln
Deutschland

© ASSIMIL 2023

ISBN 978-3-89625-300-2

**Von derselben Autorin
in Zusammenarbeit mit Franck Colotte verfasst
und vom Assimil-Verlag
für deutschsprachige Lerner adaptiert:**

Lehrbuch (+ Audio-CD) „Schnell fit in Luxemburgisch" – ISBN 978-3-89625-266-1

Übungsheft „Luxemburgisch / Anfänger" – ISBN 978-3-89625-301-9

Übungsheft „Luxemburgisch / Fortgeschrittene" – ISBN 978-3-89625-302-6

**Weitere Informationen zu diesen drei Titeln
finden Sie am Ende des Buches.**

– „Aber haben Sie gar kein Diplom?"
– „Nein! Aber ich habe Assimil!"

Illustration von Loïc Schvartz aus dem Buch „Schnell fit in Luxemburgisch"

Inhalt

Sie können dieses Buch chronologisch durcharbeiten oder gezielt Module aussuchen, die Sie bearbeiten möchten. Sie sollten die Module allerdings immer komplett absolvieren, um am Ende des Moduls Ihre Gesamtpunktezahl ermitteln zu können. Das nachfolgende Inhaltsverzeichnis zeigt Ihnen, welche grammatikalischen Themen die einzelnen Module auf den jeweils angegebenen Seiten beinhalten.

Fokus Begrüßungsfloskeln *(Moien, Mëtteg, Owend, Dag)*

Lösung
Seite 10

A. Ergänzen Sie die passende Begrüßungsfloskel.

1. _____Moien!
   A Gudden **B** Gudde **C** Gutt **D** Gutten

2. _____Mëtteg!
   A Schéin **B** Schéi **C** Schéine **D** Schéinen

3. _____Owend!
   A Gudde **B** Gudden **C** Gutt **D** Gutte

4. _____Dag!
   A Schéinen **B** Schéin **C** Schéinen **D** Schéint

Fokus Begrüßungsfloskeln nach Gesprächssituationen

A. Wie lautet die zur Situation passende Floskel?

1. Es ist 7 Uhr morgens. Sie sagen:
   A Gudde Moien **C** Gutt Nuecht
   B Gudde Virmëtteg **D** Gutt Moien

2. Um sich zur Nacht zurückzuziehen, benutzen Sie:
   A Gudden Owend **C** Gudde Moien
   B Gutt Nuecht **D** Gudde Mëtteg

3. Welche Floskel passt nicht zu den anderen?
   A Moien **B** Bonjour **C** Salut **D** Äddi

4. Ergänzen Sie die folgende Floskel: Äddi, bis _____ !
   A moies **B** mëttes **C** owes **D** muer

Merke Man schreibt das End-**n** nur, wenn man es hört. **-n** bleibt, wenn das nachfolgende Wort mit Vokal (a, e, i, o, u, ä, ë, ö, ü) oder mit d, t, z, n, h beginnt. **-n** bleibt in bestimmten Fällen, wenn der nachfolgende Buchstabe c, j, y ist (abhängig von deren Aussprache).

Merke Adjektive, die Nomen vorangehen, passen sich in Genus und Numerus an.

Fokus Sich nach dem Befinden einer Person erkundigen

Lösung
Seite 10

A. Wie lautet der passende Satzabschluss?

1. Moien, wéi _____?
   - A gees du
   - B geet et
   - C gitt Dir
   - D geet lech

2. Merci, et_____.
   - A geet gutt
   - B gees gutt
   - C gutt geet
   - D geet net

3. Welche Aussage passt nicht zu den anderen?
   - A Et geet gutt
   - C Et geet schlecht
   - B Et geet tipptopp
   - D Et geet super

4. Wie lautet die Alternative zu **Wéi geet et?**
   - A Wéi huet et?
   - B Wéi ass et?
   - C Wéi bass du?

Fokus Vornamen und ihre Artikel

A. Ergänzen Sie den passenden Artikel.

1. Dat ass _____ Magali.
   - A den
   - B de
   - C d'

2. Dat ass _____ Pierre.
   - A den
   - B de
   - C d'

3. Dat ass _____ Jos.
   - A den
   - B de
   - C d'

4. Dat ass _____ Alexander.
   - A den
   - B de
   - C d'

5. Dat ass _____ Marie.
   - A den
   - B de
   - C d'

6. Dat ass _____ Carine.
   - A de
   - B d'
   - C den

B. Ergänzen Sie die Sätze.

1. Hien heescht _____.
   - **A** de Paul
   - **B** d'Paul
   - **C** den Paul
   - **D** Paul

2. Hatt ass _____.
   - **A** d'Isabelle
   - **B** den Isabelle
   - **C** de Isabelle
   - **D** Isabelle

   Lösung Seite 10

3. Si heescht _____.
   - **A** de Clara
   - **B** den Clara
   - **C** d'Clara
   - **D** Clara

4. Mäin Numm ass _____.
   - **A** den Kim
   - **B** d'Kim
   - **C** Kim
   - **D** de Kim

5. _____ wunnt zu Lëtzebuerg.
   - **A** D'Michel
   - **B** D'Michelle
   - **C** Den Michèle
   - **D** Michel

Merke Einem Vornamen geht immer ein bestimmter Artikel voran: **den** oder **de** (je nach **-n**-Regel) für männliche und **d'** für weibliche Vornamen, außer in Sätzen wie **Mäin (däin, ...) Numm ass ...** („*Mein (Dein, ...) Name ist ...* "), **Ech heeschen ...** („*Ich heiße ...* ").

C. Ergänzen Sie die Sätze.

1. _____ Claude.
   - **A** Mäin Numm ass
   - **B** Dat ass
   - **C** Ech sinn

2. _____ d'Josiane.
   - **A** Ech heeschen
   - **B** Ech heesche
   - **C** Ech sinn

3. _____ de Jacques.
   - **A** Ech heeschen
   - **B** Dat heescht
   - **C** Dat ass

4. _____ Florence.
   - **A** Dat ass
   - **B** Hatt heescht
   - **C** Ech sinn

D. Finden Sie das passende Äquivalent zu den angegebenen Sätzen.

1. Mäi Virnumm ass Leo.
   - **A** Ech heesche Leo.
   - **B** Dat ass de Leo.
   - **C** Ech si Leo.

Lösung Seite 10

2. Hatt ass d'Anna Weber.
   - **A** Hatt heescht d'Anna.
   - **B** D'Anna heescht Weber.
   - **C** Säin Numm ass Anna Weber.

3. Mäi Familljennumm ass Laurent.
   - **A** Ech heesche Laurent mam Familljennumm.
   - **B** Ech heesche Laurent mam Virnumm.
   - **C** Ech sinn de Laurent.

4. Dat ass de Pierrre.
   - **A** Hien heescht de Pierre.
   - **B** Hien heescht Pierre.
   - **C** Säin Numm ass de Pierre.

Fokus Wichtige Fragen

A. Ergänzen Sie das passende Fragewort.

1. _____ heescht Dir?
   - **A** Wou
   - **B** Wat
   - **C** Wéi

2. _____ wunnt Dir?
   - **A** Wat
   - **B** Wou
   - **C** Wat fir

3. _____ kommt Dir?
   - **A** Wou
   - **B** Vu wou
   - **C** Wat

4. _____ Sprooche schwätzt Dir?

(A) Wéi   (B) Wat fir   (C) Wat

Lösung Seite 10

5. _____ ass Ären Numm?

(A) Wou   (B) Wéi   (C) Wat

6. _____ geet et lech? Gutt, Merci.

(A) Wéi   (B) Firwat   (C) Wéini

B. Ergänzen Sie das passende Verb.

1. Vu wou _____ Dir?

(A) schwätzt   (B) kommt   (C) heescht

2. Wou _____ Dir?

(A) heescht   (B) geet   (C) wunnt

3. Wéi _____ Dir?

(A) ass   (B) kommt   (C) heescht

4. Wéi _____ et lech?

(A) wunnt   (B) heescht   (C) geet

5. Wéi _____ Ären Numm?

(A) geet   (B) heescht   (C) ass

C. Wie lautet die passende Frage zu den angegebenen Antworten?

1. Hien heescht Maxime.

(A) Wat heescht hien?

(B) Wéi heeschen ech?

(C) Wéi heescht hien?

2. Hatt wunnt zu Lëtzebuerg.

   A Wéi wunnt hatt?

   B Wou wunnt d'Jeanne?

   C Wou wunnt de Pierre?

Lösung
Seite 10

3. Merci, gutt.

   A Wéi geet et?

   B Wou wunnt Dir?

   C Wat geet et?

4. Mäin Numm ass Pauline.

   A Wéi heescht Dir?

   B Wéi heeescht hatt?

   C Wéi ass säin Numm?

5. Ech kommen aus Frankräich.

   A Aus wou kommt Dir?

   B Wou kommt Dir?

   C Vu wou kommt Dir?

Pronomen (Persönliche Fürwörter)

ech	*ich*	**hien**	*er*
Dir	*Sie*	**hatt**	*sie (familiär)*

Possessivadjektive (Besitzanzeigende Fürwörter)

mäin/säin/Ären Numm	*mein/sein/Ihr Name*

Verben (Tätigkeitswörter)

heeschen	*heißen*	**schwätzen**	*sprechen*
sinn	*sein*	**wunnen**	*wohnen*
kommen	*kommen*	**goen**	*gehen*

Nomen (Hauptwörter)

Numm, Nimm, m.	*Name*
Virnumm, Virnimm, m.	*Vorname*
Familljennumm, Familljennimm, m.	*Familienname*
Sprooch, Sproochen, f.	*Sprache*
Moien, Moienter, m.	*Morgen*
Mëtteg, Mëtteger, m.	*Mittag*
Owend, Owenter, m.	*Abend*
Dag, Deeg, m.	*Tag*
Nuecht, Nuechten, f.	*Nacht*

Feststehende Wendungen

Merci	*Danke*	**Äddi**	*Tschüss*
Moien	*Hallo; Guten Morgen*	**Awuer**	*Auf Wiedersehen*
Bonjour	*Guten Tag*	**Wéi geet et?**	*Wie geht's?*
Salut	*Hallo*		

Interrogativpronomen (Fragewörter)

Wéi?	*Wie?*	**Firwat?**	*Warum?*
Wou?	*Wo?*	**Vu wou?**	*Von wo? Woher?*
Wat?	*Was?*	**Wien?**	*Wer?*
Wat fir?	*Welcher, -e, -es?*	**Wéini?**	*Wann?*

Präpositionen (Verhältniswörter)

aus	*aus/von (+ Land)*
vun	*aus (+ Stadt)*
zu	*nach (+ Stadt)*

Modul 1
LÖSUNGEN

Grundlagen

SEITE 3

Begrüßungen (**Moien, Mëtteg, Owend, Dag**)
A. 1 **B** 2 **C** 3 **B** 4 **A**

. . . .

SEITE 3

Begrüßungsfloskeln nach Gesprächssituationen
A. 1 **A** 2 **B** 3 **D** 4 **D**

. . . .

SEITE 4

Sich nach dem Befinden einer Person erkundigen
A. 1 **B** 2 **A** 3 **C** 4 **B**

. . . .

SEITEN 4-6

Vornamen und ihre Artikel
A. 1 **C** 2 **B** 3 **B** 4 **A** 5 **C** 6 **B**
B. 1 **D** 2 **A** 3 **D** 4 **C** 5 **B**
C. 1 **A** 2 **C** 3 **C** 4 **B**
D. 1 **A** 2 **C** 3 **A** 4 **B**

. . . .

SEITEN 6-8

Wichtige Fragen
A. 1 **C** 2 **B** 3 **B** 4 **B** 5 **B** 6 **A**
B. 1 **B** 2 **C** 3 **C** 4 **C** 5 **C**
C. 1 **C** 2 **B** 3 **B** 4 **A** 5 **C**

Sie haben zwischen 0 und 14 Punkte? Wiederholen Sie noch einmal die Aufgaben, in denen Sie
Fehler gemacht haben, und schauen Sie sich die entsprechenden Stellen erneut an.

Sie haben zwischen 15 und 28 Punkte? Das könnte ein wenig besser sein. Aber nicht verzagen!

Sie haben zwischen 29 und 42 Punkte? Großartig! Analysieren Sie Ihre Fehler, und wiederholen
Sie nötigenfalls die Themen, die Sie noch nicht ganz beherrschen.

Sie haben 43 Punkte oder mehr? Dir sidd wierklech tipptopp!

Fokus **Regelmäßige Verben** *(wunnen/schaffen/heeschen/schwätzen)* **und unregelmäßige Verben** *(kommen)*

A. Ergänzen Sie die passende Konjugationsform des Verbs **wunnen**.

Lösung Seite 19

1. Ech _____ an der Stad.
   - A wunns
   - B wunnen
   - C wunnt

2. Wou _____ de Paul?
   - A wunnen
   - B wunns
   - C wunnt

3. Mir _____ an der Rue des Fleurs.
   - A wunns
   - B wunnen
   - C wunnt

4. _____ Dir scho laang hei?
   - A Wunnt
   - B Wunns
   - C Wunnen

5. _____du och zu Lëtzebuerg?
   - A Wunns
   - B Wunnen
   - C Wunnt

Merke Die regelmäßigen Verben haben nur drei mögliche Endungen, und der Stamm ändert sich nicht. Die 1. Person Singular und Plural und die 3. Person Plural sind identisch mit dem Infinitiv (Endung **-en**). Die 2. Person Singular endet immer auf **-s**, während die 3. Person Singular und die 2. Person Plural auf **-t** enden.

B. Ergänzen Sie die passende Verbform.

1. De Jacques _____ fënnef Sproochen.
   - A schwätzen
   - B schwätzt
   - C schafft
   - D schaffs

2. Mir _____ an der Stad.
   - A heeschen
   - B wunns
   - C wunnen
   - D wunnt

3. De Claude an d'Pascale _____ Maller mam Familljennumm.
   - A heescht
   - B schwätzt
   - C schwätzen
   - D heesche

4. _____ Dir beim Staat?
   - A Wunnt
   - B Schafft
   - C Schwätzt
   - D Heescht

C. Ergänzen Sie die passende Konjugationsform des Verbs **kommen**.

Lösung Seite 19

1. Vu wou _____ Dir?

   A kommt   **B** kommen   **C** kënnt   **D** kënns

2. D'Sophie _____ aus Frankräich.

   A kommen   **B** kommt   **C** kënns   **D** kënnt

3. Joao, _____ du och aus Portugal?

   A kënns   **B** kënnt   **C** kommt   **D** kommen

4. Mir _____ all aus Europa.

   A kommt   **B** kommen   **C** kënnt   **D** kënns

Merke Beim Stamm der unregelmäßigen Verben tritt in der 2. und 3. Person Singular oft eine Vokalveränderung ein. Beim Stamm des Verbs **kommen** gibt es sogar eine Veränderung auf Konsonantenebene.

Fokus **Personalpronomen (Persönliche Fürwörter)**

A. Ergänzen Sie das passende Personalpronomen.

1. Wunnt _____ zu Paräis?

   A mir   **B** du   **C** hien   **D** ech

2. _____ schwätz scho gutt Lëtzebuergesch.

   A Hien   **B** Du   **C** Si   **D** Mir

3. _____ kommen aus Amerika.

   A Ech   **B** Du   **C** Dir   **D** Hatt

4. _____ kënnt net aus der Stad.

   A Dir   **B** Hatt   **C** Ech   **D** Mir

5. Wou wunnt _____?

   A hien   **B** mir   **C** du   **D** ech

6. Wéi heesche _____ mam Familljennumm?

A ech	B si	C hatt	D dir

7. Kommt _____ och aus Brasilien?

A Dir	B du	C si	D hatt

8. Schafft _____ scho laang op der Bank?

A si	B ech	C du	D mir

Merke Das Luxemburgische kennt acht Personalpronomen. Für die 3. Person Singular gibt es drei: **hien** (Maskulinum), **si** (Femininum) und **hatt** (grammatikalisch neutral). **Hatt** verwendet man für weibliche Personen, deren Vorname man kennt: **D'Lisa wunnt zu Lëtzebuerg, hatt schafft beim Staat. D'Madame Thill wunnt zu Lëtzebuerg, si schafft beim Staat.** Die 2. Person Plural bezeichnet sowohl den Plural von **du** („du") als auch die Höflichkeitsform für eine oder mehrere Personen. Im letzteren Fall schreibt man das Pronomen mit Großbuchstaben: **Dir**.

B. Ergänzen Sie das passende Personalpronomen.

Lösung
Seite 19

1. Madame Müller, schafft _____ scho laang hei?

A du	B si	C hatt	D Dir

2. Tom, kënns _____ och aus England?

A du	B dir	C hien	D Dir

3. D'Lena kënnt aus der Belsch, _____ wunnt elo zu Lëtzebuerg.

A hatt	B si	C hien	D du

4. Den Här Conter schafft op enger Bank, _____ ass Comptabel.

A hien	B Dir	C si	D hatt

5. D'Madame Lommel wunnt net an der Stad, _____ wunnt zu Esch.

A Dir	B dir	C hatt	D si

Modul 2
GRUNDLAGEN

A. Wie lautet die korrekte Frage zu der angegebenen Aussage?

Lösung
Seite 19

1. D'Lea Schmit wunnt zu Dikrech.

   A Wunnt d'Lea Schmit zu Dikrech?

   B D'Lea Schmit wunnt hatt zu Dikrech?

   C Zu Dikrech wunnt d'Lea Schmit?

2. De Sam heescht Weyler mam Familljennumm.

   A Mam Familljennumm heescht de Sam Weyler?

   B Weyler heescht de Sam mam Familljennumm?

   C Heescht de Sam Weyler mam Familljennumm?

3. D'Halida kënnt aus dem Irak.

   A Aus dem Irak kënnt d'Halida?

   B D'Halida aus dem Irak kënnt hatt?

   C Kënnt d'Halida aus dem Irak?

4. De Jos Kremer schafft op der Post.

   A Schafft de Jos Kremer op der Post?

   B De Jos Kremer op der Post schafft?

   C Op der Post schafft de Jos Kremer?

> **Merke** Um eine geschlossene Frage zu stellen, auf die man mit *ja* oder *nein* antwortet, werden Verb und Subjekt vertauscht, und man beginnt die Frage immer mit dem Verb.

B. Finden Sie die jeweils passende Antwort auf die Fragen.

1. Schaffs du beim Staat?

   A Jo, ech schaffen net beim Staat.　　**C** Jo, ech schaffen do.

   B Nee, ech schaffe beim Staat.　　**D** Dach, ech schaffen do.

2. Heescht Dir net Quintus?

A Jo, ech heesche Quintus.

C Nee, ech heesche Quintus.

B Dach, ech heesche Quintus.

D Jo, mäin Numm ass Quintus.

3. Schwätz du véier Sproochen?

A Nee, ech schwätze fënnef Sproochen.

C Dach, ech schwätze véier Sproochen.

B Jo, ech schwätze net véier Sproochen.

D Nee, ech schwätzen net.

4. Wunnt de Philippe eleng?

A Nee, hie wunnt net eleng.

C Dach, hie wunnt eleng.

B Jo, hie wunnt net eleng.

D Jo, hie wunnt mam Alice zesummen.

Merke **Jo**, **Nee** und **Dach** sind mögliche Antworten auf eine geschlossene Frage. Man antwortet mit **dach** („*doch*") auf eine verneinte Frage, wenn die Antwort positiv ist.

C. Finden Sie die jeweils passende Antwort auf die Fragen.

Lösung
Seite 19

1. Wunns du an der Stad?

A Dach, ech wunnen do.

C Ech wunnen an der Stad.

B Jo, ech wunnen do.

D Jo, ech wunnen net do.

2. Wou schaffs du?

A Ech schaffen net.

C Hie schafft op der Post.

B Jo, ech schaffen op der Bank.

D Mir schaffen net.

3. Wéi vill Sproche schwätz du?

A Ech schwätze Franséisch.

C Ech schwätzen zwou Sproochen.

B Hatt schwätzt dräi Sproochen.

D Ech schwätze kee Lëtzebuergesch.

Lösung Seite 19

4. Wéi heescht de Frank mam Familljennumm?

(A) Hien heescht Frank mam Virnumm.

(C) Mäi Familljennumm ass Schmit.

(B) Säi Virnumm ass Frank.

(D) Säi Familljennumm ass Loos.

Fokus **Verb *sinn***

A. Ergänzen Sie die passende Konjugationsform des Verbs ***sinn****.*

1. De Paulo _____ Italiener.

(A) bass (B) ass (C) sinn (D) sidd

2. Wie _____ du?

(A) ass (B) sinn (C) sidd (D) bass

3. Ech _____ d'Josée.

(A) bass (B) ass (C) sinn (D) sidd

4. Mir _____ all Studenten.

(A) sinn (B) bass (C) ass (D) sidd

5. _____ Dir och aus der Stad?

(A) Sidd (B) Ass (C) Bass (D) Sinn

6. De Louis an den Antoine _____ zu Lëtzebuerg gebuer.

(A) ass (B) bass (C) sinn (D) sidd

Fokus **Personen vorstellen**

A. Ergänzen Sie die passende(n) Präposition(en).

1. De Pascal kënnt _____ Frankräich.

(A) vu (B) vun (C) aus (D) zu

2. Hien ass _____ Dijon gebuer.

(A) an (B) op (C) vun (D) zu

3. Elo wunnt hien _____ Lëtzebuerg.

    A zu   **B** aus   **C** vu   **D** op

4. Hie schafft _____ der Stad, _____ Beggen.

    A an/an   **B** an/zu   **C** zu/an   **D** zu/zu

5. A _____ wou kommt Dir?

    A vun   **B** vu   **C** aus   **D** an

Verben

heeschen	*heißen*
sinn	*sein*
kommen	*kommen*
schwätzen	*sprechen*
wunnen	*wohnen*
schaffen	*arbeiten*
goen	*gehen*

Nomen

Stad, Stied, f.	*Stadt*
Staat, Staaten, m.	*Staat, Land*
Bank, Banken, f.	*Bank*
Student, Studenten, m.	*Student*

Pronomen

ech	*ich*
du	*du*
hien	*er*
si	*sie*
hatt	*sie (vertraut)*
mir	*wir*

dir/Dir	*ihr/Sie*
si	*sie (Mask. und Fem.)*

Wendungen/Adverbien

jo	*ja*
nee	*nein*
dach	*doch*
schonn	*schon*
hei	*hier*
och	*auch*
net	*nicht*
elo	*jetzt, nun*

Adjektive/Adverbien

laang	*lange (Zeit)*
all	*alle*
gutt	*gut*
eleng	*alleine*
zesummen	*zusammen, gemeinsam*
gebuer	*geboren*

Präpositionen

aus	*aus/von (Land)*
vun	*aus (Stadt)*
zu	*nach (Stadt)*
an	*nach (Land)*
bei	*bei (Person, Firma, Staat)*
op	*bei/in (Institution, Behörde)*

Konjunktionen

an	*und*

Grundlagen

SEITEN 11 - 12

Regelmäßige Verben (**wunnen/schaffen/heeschen/schwätzen**)
und unregelmäßige Verben (**kommen**)

A. 1 **B** 2 **C** 3 **B** 4 **A** 5 **A**
B. 1 **B** 2 **C** 3 **D** 4 **B**
C. 1 **A** 2 **D** 3 **A** 4 **B**

. . . .

SEITEN 12 - 13

Personalpronomen (Persönliche Fürwörter)

A. 1 **C** 2 **B** 3 **A** 4 **B** 5 **A** 6 **B** 7 **A** 8 **A**
B. 1 **D** 2 **A** 3 **A** 4 **A** 5 **D**

. . . .

SEITEN 14 - 16

Fragen

A. 1 **A** 2 **C** 3 **C** 4 **A**
B. 1 **C** 2 **B** 3 **A** 4 **A**
C. 1 **B** 2 **A** 3 **C** 4 **D**

. . . .

SEITE 16

Verb **sinn**

A. 1 **B** 2 **D** 3 **C** 4 **A** 5 **A** 6 **C**

. . . .

SEITEN 16 - 17

Personen vorstellen

A. 1 **C** 2 **D** 3 **A** 4 **B** 5 **B**

IHR
PUNKTE-
STAND:

Sie haben zwischen 0 und 15 Punkte? Wiederholen Sie noch einmal die Aufgaben, in denen Sie
Fehler gemacht haben, und schauen Sie sich die entsprechenden Stellen erneut an.

Sie haben zwischen 16 und 30 Punkte? Das könnte ein wenig besser sein. Aber nicht verzagen!

Sie haben zwischen 31 und 44 Punkte? Großartig! Analysieren Sie Ihre Fehler, und wiederholen
Sie nötigenfalls die Themen, die Sie noch nicht ganz beherrschen.

Sie haben 45 Punkte oder mehr? Dir sidd wierklech tipptopp!

Modul 3
GRUNDLAGEN

Lösung
Seite 28

Fokus Duzen und Siezen

A. Ergänzen Sie das passende Personalpronomen und die dazugehörige Verbform.

1. Kanner, _____ haut net brav!
   - **A** du bass
   - **B** Dir sidd
   - **C** dir sidd

2. Madame Neyen, _____ och Lëtzebuergesch?
   - **A** léiert Dir
   - **B** léiert dir
   - **C** léiers du

3. Bonjour, _____ Dammen an _____ Hären!
   - **A** Dir/Dir
   - **B** du/du
   - **C** dir/dir

4. Lisa, wat fir e Buch _____ do?
   - **A** liest Dir
   - **B** lies du
   - **C** liest Dir

5. Ben, _____ ze vill Tëlee!
   - **A** Dir kuckt
   - **B** dir kuckt
   - **C** du kucks

> **Merke** Es gibt eine Form für das Duzen (**duzen**), **du**, und eine Form für das Siezen (**dierzen**), **Dir**. Wird **du** in den Plural gesetzt, lautet die Form **dir** und wird mit Kleinbuchstabe geschrieben; sie entspricht dann nicht dem höflichen "Sie". In der Regel duzt man die Personen, die man mit ihrem Vornamen anspricht.

Fokus Imperativ (Befehlsform)

A. Ergänzen Sie die passende Konjugationsform des Verbs im Imperativ.

1. Jeanne, _____ direkt heihin!
   - **A** kënns
   - **B** kënnt
   - **C** komm

2. Kanner, _____ net sou vill!
   - **A** frot
   - **B** fro
   - **C** frees

3. Madame, _____ wannechgelift net sou haart!
   - **A** schwätzen
   - **B** schwätz
   - **C** schwätzt

4. _____ Jos, wat kucks du do?

   A Entschëllegs   **B** Entschëllegt   **C** Entschëlleg

5. Monsieur, _____ dat wannechgelift!

   A widderhuels   **B** widderhuelen   **C** widderhuelt

Merke Ein Imperativ, also eine Aufforderung oder ein Befehl, kann durch **wannechgelift** ergänzt werden, wodurch die Aussage zu einer höflichen Bitte wird. Der Imperativ für die 2. Person Singular wird in der Regel nur mit dem Verbstamm gebildet. Für den Plural oder die Höflichkeitsform wird dem Stamm **-t** angehängt.

Fokus **Höflichkeitsfloskeln und Entschuldigungen**

A. Ergänzen Sie die jeweils passende Wendung.

Lösung Seite 28

1. _____, wat sot Dir?

   A Wannechgelift

   B Watgelift

   C Nach eng Kéier

2. Ech hunn dat net verstan, _____ wannechgelift!

   A sot dat

   B watgelift

   C widderhuelt

3. Sot dat _____ , ech hunn dat net verstan!

   A widderhuelen

   B wannechgelift

   C nach eng Kéier

4. _____? Ech hunn dat net verstan!

   A Wannechgelift

   B Nach eng Kéier

   C Watgelift

Modul 3
GRUNDLAGEN

B. Ergänzen Sie die Sätze.

Lösung
Seite 28

1. Dir schwätzt ze séier, schwätzt _____.

   Ⓐ méi haart   Ⓑ méi lues   Ⓒ manner

2. Dir schwätzt ze lues, schwätzt _____.

   Ⓐ méi haart   Ⓑ net sou haart   Ⓒ méi

3. Dir schwätzt ze haart, schwätzt_____.

   Ⓐ méi séier   Ⓑ méi lues   Ⓒ net sou lues

4. Dir schwätzt ze vill, schwätzt_____.

   Ⓐ net sou vill   Ⓑ méi   Ⓒ méi lues

C. Welcher der jeweils genannten Satzabschlüsse passt nicht?

1. Ech hunn net verstan, _____

   Ⓐ nach eng Kéier!

   Ⓑ wannechgelift!

   Ⓒ widderhuelt!

2. Ech weess dat net,_____

   Ⓐ et deet mer leed.

   Ⓑ watgelift?

   Ⓒ entschëllegt!

3. Et deet mer leed, mee _____.

   Ⓐ ech froen dat net

   Ⓑ ech verstinn dat net

   Ⓒ ech weess dat net

4. Kënnt Dir dat widderhuelen, wannechgelift,_____.

   Ⓐ ech hunn dat net verstan

   Ⓑ Dir schwätzt net séier

   Ⓒ ech weess dat net

Fokus Verben *hunn/sinn*

*A. Ergänzen Sie die passende Konjugationsform des Verbs **hunn** im Präsens (Gegenwart).*

Lösung
Seite 28

1. Madame Kahlen, _____ Dir Äre Pass dobäi?
   - **A** huet
   - **B** hat
   - **C** hutt
   - **D** hues

2. D'Kanner _____ eng léif Léierin.
   - **A** hunn
   - **B** hunnen
   - **C** haten
   - **D** huet

3. Kuck, ech _____ en neien Handy.
   - **A** hat
   - **B** hunnen
   - **C** hätt
   - **D** hunn

4. _____ du vill Honger?
   - **A** Has
   - **B** Hues
   - **C** Hunn
   - **D** Häss

5. Mir _____ immens vill Duuscht.
   - **A** haten
   - **B** hunnen
   - **C** hunn
   - **D** hann

6. De Frank _____ 35 Joer.
   - **A** huet
   - **B** hat
   - **C** hues
   - **D** hutt

*B. Ergänzen Sie die passende Konjugationsform des Verbs **sinn** im Präsens (Gegenwart).*

1. Ech _____ immens duuchtereg.
   - **A** sinn
   - **B** ass
   - **C** si

2. _____ Dir krank?
   - **A** Sinn
   - **B** Sidd
   - **C** Bass

3. Wou _____ den Tom?
   - **A** bass
   - **B** sinn
   - **C** ass

4. D'Sonia an den Alex _____ hongereg.
   - **A** ass
   - **B** sidd
   - **C** sinn

5. Wou _____ du gebuer?
   - **A** ass
   - **B** bass
   - **C** sinn

6. Mir _____ haut net doheem.
   - **A** sinn
   - **B** si
   - **C** sidd

Modul 3
GRUNDLAGEN

*A. Ergänzen Sie die passende Konjugationsform des Verbs **hunn**.*

Lösung
Seite 28

1. D'Marie _____gär en neien Handy.

 Ⓐ hättet   Ⓑ hätt   Ⓒ hätte

2. Si wëssen net, wat si gär _____.

 Ⓐ hätt   Ⓑ hätten   Ⓒ hätte

3. _____ du och gär e Kaffi?

 Ⓐ Hätt   Ⓑ Hättes   Ⓒ Häss

4. Wat _____ Dir gär fir Äre Gebuertsdag?

 Ⓐ hättet   Ⓑ hätt   Ⓒ hätten

5. Ech _____ och gär eppes ze drénken.

 Ⓐ hätte   Ⓑ häss   Ⓒ hätt

*B. Ergänzen Sie die passende Konjugationsform des Verbs **ginn**.*

1. Wou _____ du gär schaffen?

 Ⓐ géifes   Ⓑ géifs   Ⓒ géif

2. Wat _____ de Bob gär drénken?

 Ⓐ géift   Ⓑ géifen   Ⓒ géif

3. _____ Dir och gär eppes iessen?

 Ⓐ Géift   Ⓑ Géifet   Ⓒ Géifs

4. Am Summer _____ mir gär op Mallorca goen.

 Ⓐ géife   Ⓑ géifen   Ⓒ géif

5. D' Leit _____ gär e Renseignement kréien.

 Ⓐ géife   Ⓑ géif   Ⓒ géift

C. Ergänzen Sie die Sätze.

Lösung
Seite 28

1. D'Clientë géife gär _____.
   A eppes ze drénken
   B eppes drénken
   C eppes

2. Mir hätten haut gär _____.
   A am Restaurant iessen
   B en lessen am Restaurant
   C an de Restaurant goen

3. D'Claudine géif gär fir säi Gebuertsdag _____.
   A eng Party maachen
   B eng Party
   C eng Party ze maachen

4. De Marc géif gär an der Vakanz _____.
   A surfe léieren
   B e Surfcours
   C an e Surfcours ze goen

5. Hätt Dir gär all Dag _____?
   A eng Zeitung
   B Zeitung liesen
   C ze liesen eng Zeitung

Merke Auf **Ech hätt gär** folgt stets ein Nomen, auf **Ech géif gär** folgt ein Verb im Infinitiv, das ans Satzende gestellt wird.

Modul 3
WORTSCHATZ

Verben

léieren	*lernen*
liesen	*lesen*
kucken	*sehen, schauen*
froen	*fragen*
entschëllegen	*entschuldigen*
widderhuelen	*wiederholen*
verstoen	*verstehen*
soen	*sagen*
kënnen	*können*
wëssen	*wissen*
drénken	*trinken*
iessen	*essen*

Nomen

Kand, Kanner, n.	*Kind*
Damm, Dammen, f.	*Dame*
Här, Hären, m.	*Herr*
Buch, Bicher, n.	*Buch*
Tëlee, Tëleeën, f.	*Fernsehen*
Zeitung, Zeitungen, f.	*Zeitung*
Renseignement, Renseignementer, m.	*Auskunft*
Gebuertsdag, Gebuertsdeeg, m.	*Geburtstag*
Honger, m.	*Hunger*
Duuscht, m.	*Durst*

Wendungen/Adverbien

do	*da, dort*
haut	*heute*
direkt	*sofort*
heihin	*hierhin (dynamisch)*
sou	*so*
net sou	*nicht so*
ech hunn dat net verstan	*ich habe das nicht verstanden*
nach eng Kéier	*noch einmal*
wannechgelift	*bitte*
watgelift? (wgl.)	*wie bitte? Entschuldigung?*
ze	*zu (sehr)*
méi	*mehr*
manner	*weniger*
et deet mir leed	*es tut mir leid*
ech weess dat net	*ich weiß es nicht*
doheem	*zu Hause*

Adjektive/Adverbien

brav	*brav*
haart	*laut*
vill	*viel*
lues	*langsam; leise*
séier, schnell	*schnell*
duuschtereg	*durstig*
hongereg	*hungrig*

Modul 3
LÖSUNGEN

Grundlagen

IHR PUNKTE-STAND:

SEITE 20
Duzen und Siezen
A. 1 **C** 2 **A** 3 **A** 4 **B** 5 **C**

SEITEN 20 - 21
Imperativ (Befehlsform)
A. 1 **C** 2 **A** 3 **C** 4 **C** 5 **C**

SEITEN 21 - 22
Höflichkeitsfloskeln und Entschuldigungen
A. 1 **B** 2 **C** 3 **C** 4 **C**
B. 1 **B** 2 **A** 3 **B** 4 **A**
C. 1 **B** 2 **B** 3 **A** 4 **A**

SEITE 23
Verben **hunn/sinn**
A. 1 **C** 2 **A** 3 **D** 4 **B** 5 **C** 6 **A**
B. 1 **A** 2 **B** 3 **C** 4 **C** 5 **B** 6 **A**

SEITEN 24 - 25
Ech hätt gär/Ech géif gär
A. 1 **B** 2 **A** 3 **C** 4 **B** 5 **C**
B. 1 **B** 2 **C** 3 **A** 4 **A** 5 **A**
C. 1 **B** 2 **B** 3 **A** 4 **A** 5 **A**

Sie haben zwischen 0 und 15 Punkte? Wiederholen Sie noch einmal die Aufgaben, in denen Sie Fehler gemacht haben, und schauen Sie sich die entsprechenden Stellen erneut an.

Sie haben zwischen 16 und 31 Punkte? Das könnte ein wenig besser sein. Aber nicht verzagen!

Sie haben zwischen 32 und 44 Punkte? Großartig! Analysieren Sie Ihre Fehler, und wiederholen Sie nötigenfalls die Themen, die Sie noch nicht ganz beherrschen.

Sie haben 45 Punkte oder mehr? Dir sidd wierklech tipptopp!

Fokus **Zahlen**

A. Ergänzen Sie die Zahlenfolgen durch die passende Zahl.

Lösung
Seite 37

1. siwenanachtzeg, _____ , nénganachtzeg

   A 98   **B** 79   **C** 88

2. fofzeg, _____ , siwwenzeg

   A 16   **B** 60   **C** 6

3. honnertzwielef,_____, honnertvéierzéng

   A 113   **B** 130   **C** 1300

4. fënnefavéierzeg, _____ , fënnefafofzeg

   A 65   **B** 50   **C** 46

5. dräiandrësseg, _____ , eenandrësseg

   A 34   **B** 35   **C** 32

B. Welche ausgeschriebene Zahl entspricht der in Ziffern ausgedrückten?

1. De Steve huet 45 Joer.

   A fënnefvéierzeg   **C** fënnefavéierzeg

   B véierfofzeg   **D** véierafënnef

2. Zu Lëtzebuerg schaffen iwwert 100 000 Frontalieren.

   A eng Millioun   **C** honnertdausend

   B eng Millioun   **D** honnertandausend

3. D'Virwal fir Lëtzebuerg ass 352.

   A dräihonnertfënnefzwanzeg   **C** dräihonnertzweefofzeg

   B dräihonnertzweeafofzeg   **D** zweeafofzegdräihonnert

4. Mir wunnen an der Garerstrooss Nummer 97.

   A néngsiwen   **C** néngasiwwenzeg

   B siwenannéng   **D** siwenannonzeg

Lösung
Seite 37

5. De Cours kascht 285 €.

A zweefënnefanachtzeg

C zweehonnertaachtafofzeg

B zweeachtzegfënnef

D zweehonnerfënnefanachtzeg

C. Welche in Ziffern ausgedrückte Zahl entspricht der ausgeschriebenen?

1. siwenhonnertfënnefannonzeg

A 759 **B** 579 **C** 795 **D** 719

2. fënnefdausenddräihonnertfofzeg

A 5315 **B** 5513 **C** 3515 **D** 5350

3. eendausendsechshonnertfënnefandrësseg

A 1635 **B** 1563 **C** 1536 **D** 5613

4. siwwenzénghonnertsiwenasiwwenzeg

A 1770 **B** 7117 **C** 1777 **D** 7717

5. zweedausendvéierhonnertzwielef

A 2420 **B** 4212 **C** 2124 **D** 2412

Merke Zahlen werden wie im Deutschen ausgedrückt, d. h. die Zehner folgen den Einern: **dräianzwanzeg** *„dreiundzwanzig"*. Dies gilt für alle Zahlen zwischen 21 (**eenanzwanzeg**) und 99 (**néngannonzeg**).

Fokus **Datumsangaben**

A. Welches ausgeschriebene Datum entspricht dem in Ziffern ausgedrückten?

1. Haut ass den 08.03.

A aachte Mäerz

C aachten Mäerz

B aacht Mäerz

D Mäerz, den aachten

2. Muer ass den 1.10.

A eent Oktober   C éischten Oktober

Lösung
Seite 37

B eenten Oktober   D éischt Oktober

3. Ech sinn de 15.05. gebuer.

A fofzegste Mee   C fofzéngte Mee

B fofzéng Mee   D Mee, de fofzéngten

4. Hien huet de 05.01. Gebuertsdag.

A fënnef Januar   C fënnef vu Januar

B éischte Mee   D fënnefte Januar

5. Eisen Hochzäitsdag ass den 03.04.

A dräiten Abrëll   C drëtten Abrëll

B dräi Abrëll   D dräi vun Abrëll

6. Hatt ass de 04.08. gebuer.

A aachten Abrëll   C véierten August

B véier August   D véier un Aachten

Merke Für Datumsangaben benutzt man die Ordinalzahlen. **Den éischten** „*der 1.*" und **den drëtten** „*der 3.*" sind unregelmäßig. Für die restlichen bis 19 fügt man **-ten** an die Ziffern und Zahlen an; ab 20 lautet die Endung **-sten**. Die Monatsnamen sind männlich.

B. Welche ausgeschriebene Jahreszahl entspricht der in Ziffern ausgedrückten?

1. 1963

   A nonzénghonnertdräiasiechzeg

   B nonzéngdräiasiechzeg

   C dausendnénghonnertdräiasiechzeg

2. 2020

   A zwanzegzwanzeg

   B zwanzeghonnertzwanzeg

   C zweedausendzwanzeg

Lösung
Seite 37

3. 2001

   A zweehonnerteent

   B zwanzeghonnerteent

   C zweedausendeent

4. 1789

   A siwwenzéngnénganachtzeg

   B siwwenzénghonnertnénganachtzeg

   C siwwenhonnertzéngannénganachtzeg

5. 1999

   A nonzénhonnertnéngannonzeg

   B nonzéngnéngannonzeg

   C nonzeghonnertnonzéng

C. Welcher Begriff passt nicht zu den anderen?

1. Hien huet am _____ Gebuertsdag.

   A Juni   **B** Hierscht   **C** August   **D** Januar

2. Am _____ fuere mir an d'Vakanz.

   A Mee   **B** Summer   **C** Wanter   **D** Fréijoer

3. De Cours dauert _____.

   A eng Woch   **C** ee Joer

   B ee Mount   **D** ee Gebuertsdag

4. Muer feiere mir _____.

   A Gebuertsdag   **C** Wochendag

   B Hochzäitsdag   **D** Neijoerschdag

5. Mir hu _____ Lëtzebuergeschcours.

   A méindes   **C** donneschdes

   B mëttes   **D** dënschdes

| Fokus | **Auskünfte zu Familienstand und beruflicher Position** |

A. Ergänzen Sie die Sätze um den Begriff, der keinen Familienstand darstellt.

1. D'Madame Scholtes ass zënter 5 Joer _____.

   A gescheet   **B** bestuet   **C** eleng

2. Zënter wéini sidd Dir_____?

   A gepacst   **B** bestuet   **C** ugestallt

3. Sidd Dir _____?

   A Wittmann   **B** Hausmann   **C** Jonggesell

4. De Marc ass nach ëmmer_____.

   A leedeg   **B** bestuet   **C** selbstänneg

5. Ass de Paul scho laang _____?

   A gescheet   **B** bestuet   **C** aarbechtslos

B. Ergänzen Sie den passenden Begriff.

Lösung
Seite 37

1. D'Stéphanie ass Employée, hatt ass bei der Post _____.

   A selbstänneg   **B** geschafft   **C** ugestallt

2. De Luc ass _____, hien ass Architekt an huet eng Firma.

   A aarbechtslos   **B** selbstänneg   **C** ugestallt

3. D'Maria sicht eng Aarbecht, hatt ass zënter engem Joer _____.

   A selbstänneg   **B** ugestallt   **C** aarbechtslos

4. Ech sinn zënter véier Joer bei enger Privatschoul_____.

   A agestallt   **B** aarbechtlos   **C** selbstänneg

5. D'Sophie schafft op enger Bank, mee hatt wëll sech elo_____ maachen.

   A fräi   **B** aarbechtslos   **C** selbstänneg

Modul 4
WORTSCHATZ

Verben

maachen	*machen*
kaschten	*kosten*
mussen	*müssen*
daueren	*dauern*
feieren	*feiern*
sichen	*suchen*

Nomen

Frontalier, Frontalieren, m.	*Grenzgänger*
Nummer, Nummeren, f.	*Nummer*
Virwal, Virwalen, f.	*(Telefon-)Vorwahl*
Strooss, Stroossen, f.	*Straße*
Luucht, Luuchten, f.	*Leuchte, Licht*
Fënster, Fënsteren, f.	*Fenster*
Schwammcours, Schwammcoursen, m.	*Schwimmkurs*
Dier, Dieren, f.	*Tür*
Privatschoul, Privatschoulen, f.	*Privatschule*
Hochzäitsdag, m.	*Hochzeitstag*
Mount, Méint, m.	*Monat*
Joer, Joer, n.	*Jahr*
Silvester, m.	*Silvester*
Neijoerschdag, m.	*Neujahr(stag)*
Wittmann, Wittmänner, m.	*Witwer*
Wittfra, Wittfraen, f.	*Witwe*
Hausmann, Hausmänner, m.	*Hausmann*

Hausfra, Hausfraen, f.	*Hausfrau*
Jonggesell, Jonggesellen, m.	*Junggeselle*
Jonggesellin, Jonggesellinnen, f.	*Junggesellin*
Aarbecht, Aarbechten, f.	*Arbeit*
Firma, Firmaen, f.	*Firma*

Jahreszeiten

Fréijoer, Fréijoren, n.	*Frühjahr*
Summer, Summeren, m.	*Sommer*
Hierscht, Hierschter, m.	*Herbst*
Wanter, Wanteren, m.	*Winter*

Monate

Januar	*Januar*
Februar	*Februar*
Mäerz	*März*
Abrëll	*April*
Mee	*Mai*
Juni	*Juni*
Juli	*Juli*
August	*August*
September	*September*
Oktober	*Oktober*
November	*November*
Dezember	*Dezember*

Modul 4
WORTSCHATZ

muer	*morgen*
iwwermuer	*übermorgen*
nach ëmmer	*immer noch*
scho laang	*schon lange*

Adjektive/Adverbien

däischter	*dunkel, düster*
krank	*krank*
kal	*kalt*
bestuet	*verheiratet*
gescheet	*geschieden*
gepacst	*in einem eheähnlichen Verhältnis lebend*
leedeg	*ledig*
ugestallt/agestallt	*angestellt*
selbstänneg	*selbstständig*
aarbechtslos	*arbeitslos*
iwwert	*über, mehr als*

Präpositionen

fir	*für*
zënter	*seit*

Grundlagen

SEITEN 29 - 30

Zahlen

A. 1 **C** 2 **B** 3 **A** 4 **B** 5 **C**
B. 1 **C** 2 **C** 3 **B** 4 **D** 5 **D**
C. 1 **C** 2 **D** 3 **A** 4 **C** 5 **D**

SEITEN 30 - 32

Datumsangaben

A. 1 **A** 2 **C** 3 **C** 4 **D** 5 **C** 6 **C**
B. 1 **A** 2 **C** 3 **C** 4 **B** 5 **A**
C. 1 **B** 2 **A** 3 **D** 4 **C** 5 **B**

SEITE 33

Auskünfte zu Familienstand und beruflicher Position

A. 1 **C** 2 **C** 3 **B** 4 **C** 5 **C**
B. 1 **C** 2 **B** 3 **C** 4 **A** 5 **C**

Sie haben zwischen 0 und 12 Punkte? Wiederholen Sie noch einmal die Aufgaben, in denen Sie Fehler gemacht haben, und schauen Sie sich die entsprechenden Stellen erneut an.

Sie haben zwischen 13 und 25 Punkte? Das könnte ein wenig besser sein. Aber nicht verzagen!

Sie haben zwischen 26 und 36 Punkte? Großartig! Analysieren Sie Ihre Fehler, und wiederholen Sie nötigenfalls die Themen, die Sie noch nicht ganz beherrschen.

Sie haben 37 Punkte oder mehr? Dir sidd wierklech tipptopp!

Modul 5
GRUNDLAGEN

Fokus Wochentage

A. Ergänzen Sie den passenden Wochentag.

Lösung Seite 46

1. Haut ass Méindeg. Muer ass _____.
   - Ⓐ Mëttwoch
   - Ⓒ Freideg
   - Ⓑ Donneschdeg
   - Ⓓ Dënschdeg

2. Muer ass Donneschdeg. Haut ass _____.
   - Ⓐ Méindeg
   - Ⓒ Mëttwoch
   - Ⓑ Freideg
   - Ⓓ Dënschdeg

3. Gëschter war Sonndeg. Haut ass _____.
   - Ⓐ Méindeg
   - Ⓒ Freideg
   - Ⓑ Samschdeg
   - Ⓓ Mëttwoch

4. Iwwermuer ass Mëttwoch. Haut ass _____.
   - Ⓐ Dënschdeg
   - Ⓒ Sonndeg
   - Ⓑ Freideg
   - Ⓓ Méindeg

5. Virgëschter war Freideg. Haut ass _____.
   - Ⓐ Méindeg
   - Ⓒ Sonndeg
   - Ⓑ Dënschdeg
   - Ⓓ Samschdeg

B. Ergänzen Sie in den Serien den passenden Wochentag.

1. Méindeg - _____ - Mëttwoch - Donneschdeg
   - Ⓐ Freideg
   - Ⓑ Samschdeg
   - Ⓒ Dënschdeg

2. Donneschdeg - Samschdeg - Méindeg - _____
   - Ⓐ Mëttwoch
   - Ⓑ Sonndeg
   - Ⓒ Freideg

3. _____ - Méindeg - Mëttwoch - Freideg
   - Ⓐ Donneschdeg
   - Ⓑ Samschdeg
   - Ⓒ Sonndeg

4. Dënschdeg - Donneschdeg - _____ - Méindeg

Ⓐ Sonndeg   Ⓑ Freideg   Ⓒ Samschdeg

5. Méindeg – Dënschdeg – Mëttwoch - _____

Ⓐ Freideg   Ⓑ Samschdeg   Ⓒ Donneschdeg

Fokus   **Tageszeiten**

A. Ergänzen Sie die passende Tageszeit.

Lösung Seite 46

1. Ech drénke _____ um 8 Auer Kaffi.

Ⓐ moies   Ⓑ mëttes   Ⓒ owes

2. Mir iesse _____ um 12 Auer eng Zopp.

Ⓐ moies   Ⓑ mëttes   Ⓒ nuets

3. D'Kanner schlofen _____ um 3 Auer gutt.

Ⓐ nuets   Ⓑ moies   Ⓒ mëttes

4. _____ um 2 botze si d'Kichen.

Ⓐ Nuets   Ⓑ Nomëttes   Ⓒ Owes

5. Mir ginn _____ um 8 Auer an de Kino.

Ⓐ moies   Ⓑ mëttes   Ⓒ owes

Merke Die Wochentage können wie Adverbien benutzt werden, indem ein **-s** angehängt oder das **-g** durch **-s** ersetzt wird. Sie beginnen dann mit einem Kleinbuchstaben: **méindes, dënschdes, mëttwochs, donneschdes, freides, samschdes, sonndes**: *„montags, diens- tags, mittwochs …"* (Beispiel: **Méindes maachen ech Sport.** *„Montags treibe ich Sport."*). Diese Adverbien können auch benutzt werden, um ein bestimmtes Datum zu bezeichnen: **mëttwochs, den 8. Mäerz.**

Merke Die Tageszeiten werden wie Zeitadverbien verwendet: **moies, mëttes, nomëttes, owes, nuets** (Beispiel: **Owes kucken ech d'Tëlee.** *„Abends sehe ich fern."*)

Fokus Uhrzeiten

Lösung
Seite 46

A. Welche ausgeschriebene Uhrzeit entspricht der in Ziffern angegebenen?

1. Et ass 15.15.

   A e Véierel op dräi moies   **C** e Véierel op dräi nomëttes

   B e Véierel vir dräi mëttes   **D** e Véierel vir dräi owes

2. Et ass 14.10.

   A zéng op zwou   **C** zéng op zwee

   B zéng vir zwou   **D** zéng vir zwee

3. Et ass 16.40.

   A zwanzeg fir véier   **C** véierzeg op véier

   B zwanzeg vir fënnef   **D** fënnef op véier

4. Et ass 3.55.

   A fënnef vir véier nuets   **C** véier op fënnef nuets

   B fënnef op véier nuets   **D** fënnef vir dräi nuets

5. Et ass 19.30.

   A hallwer siwen owes   **C** siwen Auer hallef owes

   B hallwer aacht owes   **D** owes hallef op siwen

B. Welche in Ziffern ausgedrückte Uhrzeit entspricht der ausgeschriebenen?

1. Et ass zéng op aacht moies.

   A 7.50   **B** 8.10   **C** 10.08   **D** 20.10

2. Et ass hallwer néng owes.

   A 8.30   **B** 9.30   **C** 21.30   **D** 20.30

3. Et ass e Véierel vir zwou nomëttes.

   A 13.45   **B** 14.15   **C** 2.15   **D** 14.04

4. Et ass fënnef vir hallwer sechs.

A 5.25 **B** 16.25 **C** 5.35 **D** 6.25

5. Et ass zwanzeg vir eelef moies.

A 11.20 **B** 22.40 **C** 10.40 **D** 10.20

Merke Für die Angabe der Uhrzeit verwendet man die Stunden von 1 bis 12. Bei Unklarheiten wird zusätzlich noch die Tageszeit genannt. So sagt man für *„15 Uhr"* **3 Auer nométtes** und für *„3 Uhr"* **3 Auer nuets**.

Merke **Auer** ist ein Femininum; es passt sich folglich im Numerus an das Zahlwort an: **eng Auer**, **zwou Auer**.

Fokus **Freizeitaktivitäten/Verben** *goen* **und** *fueren*

Lösung
Seite 46

*A. Ergänzen Sie die passende Konjugationsform des Verbs **goen**.*

1. Mir _____ ëmmer freides an de Kino.

A goen **B** ginn **C** gitt **D** geen

2. _____ du haut net schaffen?

A Gos **B** Giss **C** Gëss **D** Gees

3. Hie _____ an d'Mier schwammen.

A got **B** geet **C** gitt **D** ginn

4. Ech _____ immens gär spadséieren.

A ginn **B** goen **C** geen **D** gitt

5. Wuer _____ d'Kanner an d'Schoul?

A goen **B** geen **C** gitt **D** ginn

6. _____ Dir an Italien an d'Vakanz ?

A Got **B** Gidd **C** Gitt **D** Ginn

B. *Ergänzen Sie die passende Konjugationsform des Verbs* **fueren**.

**Lösung
Seite 46**

1. Ech _____ all Dag mam Vëlo.
   - **A** fieren
   - **B** fueren
   - **C** fier
   - **D** fuer

2. Mir _____ mam Auto an d'Stad.
   - **A** fier
   - **B** fuere
   - **C** fuert
   - **D** fieren

3. _____ du haut op Esch?
   - **A** Fuers
   - **B** Faars
   - **C** Fäers
   - **D** Fiers

4. Hie _____ net gär mam Bus.
   - **A** fuert
   - **B** faart
   - **C** fiert
   - **D** fäert

5. _____ Dir mam Bus oder mam Auto?
   - **A** Fuert
   - **B** Fiert
   - **C** Fäert
   - **D** Fueren

C. *Ergänzen Sie das passende Verb.*

1. Mir _____ all Dag Tennis.
   - **A** spillen
   - **B** maachen
   - **C** ginn

2. Ech _____ gär mam Vëlo.
   - **A** maache
   - **B** fuere
   - **C** spille

3. Si _____ ganz vill Sport.
   - **A** gi
   - **B** spille
   - **C** maache

4. _____ dir och Piano?
   - **A** Maacht
   - **B** Spillt
   - **C** Sidd

5. Hie _____ all Dag schwammen.
   - **A** fiert
   - **B** mécht
   - **C** geet

Merke Für die Benutzung von Verkehrsmitteln benutzt man im Allgemeinen **mam** *„mit"*. Man sagt also **Ech fuere mam Auto, mam Bus, mam Vëlo, mam Moto,** aber **Ech ginn zu Fouss** *„Ich gehe zu Fuß"*.

Fokus Inversion (Umkehrung der Wortstellung)

A. Welcher Satz mit einer Inversion entspricht dem jeweils oben angegebenen?

**Lösung
Seite 46**

1. Mir gi méindes net schaffen.
   - **A** Méindes mir ginn net schaffen.
   - **B** Méindes gi mir net schaffen.
   - **C** Mir méindes ginn net schaffen.

2. Mir spillen haut de Mëtteg Tennis.
   - **A** Tennis mir spillen haut de Mëtteg.
   - **B** Haut de Mëtteg mir spillen Tennis.
   - **C** Haut de Mëtteg spille mir Tennis.

3. Mir kucken e flotte Film am Kino.
   - **A** Am Kino mir kucken e flotte Film.
   - **B** Am Kino kucke mir e flotte Film.
   - **C** Kucken e flotte Film mir am Kino.

4. D'Famill Schmit fiert muer an d'Vakanz.
   - **A** Muer fiert d'Famill Schmit an d'Vakanz.
   - **B** An d'Vakanz muer fiert d'Famill Schmit.
   - **C** D'Famill Schmit muer fiert an d'Vakanz.

5. Mir gi sonndes an de Bësch joggen.
   - **A** Sonndes gi mir an de Bësch joggen.
   - **B** An de Bësch mir gi sonndes joggen.
   - **C** Jogge mir gi sonndes an de Bësch.

B. Ergänzen Sie die passende Satzeinleitung.

1. _____ Tennis spillen.
   - **A** Muer mir ginn
   - **B** Muer gi mir
   - **C** Gi mir muer
   - **D** Mir muer

Lösung
Seite 46

2. _____ an de Kino.

A Ech gi gär

C Gär ech ginn

B Ginn ech gär

D Gi gär ech

3. _____ an d'Vakanz.

A Si mam Zuch fueren

C Fuere mam Zuch si

B Mam Zuch si fueren

D Si fuere mam Zuch

4. _____ hatt Sport.

A Maacht all Dag

C All Dag mécht

B All Dag maacht

D Mécht all Dag

5. _____ an d'Schoul.

A D'Kanner ginn net gär

C Gär ginn net d'Kanner

B Ginn net gär d'Kanner

D Net gär d'Kanner ginn

Nomen

Auer, Aueren, f.	*Uhr(zeit)*
Stonn, Stonnen, f.	*Stunde*
Dag, Deeg, m.	*Tag*
Wochendag, Wochendeeg, m.	*Wochentag*
Woch, Wochen, f.	*Woche*
Kichen, Kichen, f.	*Küche*
Kino, Kinoen, m.	*Kino*
Véierel, Véierel, n.	*Viertel*
Auto, Autoen, m.	*Auto*
Bus, Bussen, m.	*Bus*
Moto, Motoen, m.	*Moped, Motorrad*

Vëlo, Vëloen, m.	*Fahrrad*
Bësch, Bëscher, m.	*Wald*

Wochentage

Méindeg	*Montag*
Dënschdeg	*Dienstag*
Mëttwoch	*Mittwoch*
Donneschdeg	*Donnerstag*
Freideg	*Freitag*
Samschdeg	*Samstag*
Sonndeg	*Sonntag*

Wendungen/Adverbien/Tageszeiten

moies	*morgens*
mëttes	*mittags*
nomëttes	*nachmittags*
owes	*abends*
nuets	*nachts*
all Dag	*jeden Tag*
haut	*heute*
muer	*morgen*
gëschter	*gestern*
virgëschter	*vorgestern*
iwwermuer	*übermorgen*

Adjektive

flott	*hübsch, nett*

Präpositionen

vun... bis...	*von ... bis ...*

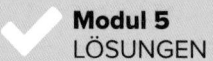

Modul 5
LÖSUNGEN

Grundlagen

SEITEN 38 - 39
Wochentage
A. 1 **D** 2 **C** 3 **A** 4 **D** 5 **C**
B. 1 **C** 2 **A** 3 **B** 4 **C** 5 **C**

SEITE 39
Tageszeiten
A. 1 **A** 2 **B** 3 **A** 4 **B** 5 **C**

SEITEN 40- 41
Uhrzeiten
A. 1 **C** 2 **A** 3 **B** 4 **A** 5 **B**
B. 1 **B** 2 **D** 3 **A** 4 **A** 5 **C**

SEITEN 41 - 42
Freizeitaktivitäten/Verben *goen* und *fueren*
A. 1 **B** 2 **D** 3 **B** 4 **A** 5 **D** 6 **C**
B. 1 **B** 2 **B** 3 **D** 4 **C** 5 **A**
C. 1 **A** 2 **B** 3 **C** 4 **B** 5 **C**

SEITEN 43 - 44
Inversion
A. 1 **B** 2 **C** 3 **B** 4 **A** 5 **A**
B. 1 **B** 2 **A** 3 **D** 4 **C** 5 **A**

Sie haben zwischen 0 und 16 Punkte? Wiederholen Sie noch einmal die Aufgaben, in denen Sie Fehler gemacht haben, und schauen Sie sich die entsprechenden Stellen erneut an.

Sie haben zwischen 17 und 33 Punkte? Das könnte ein wenig besser sein. Aber nicht verzagen!

Sie haben zwischen 34 und 46 Punkte? Großartig! Analysieren Sie Ihre Fehler, und wiederholen Sie nötigenfalls die Themen, die Sie noch nicht ganz beherrschen.

Sie haben 47 Punkte oder mehr? Dir sidd wierklech tipptopp!

Fokus **Genus (grammatisches Geschlecht)/Artikel**

Lösung
Seite 57

A. Welches grammatische Geschlecht haben diese Substantive?

1. eng/d'Schoul
   - **A** Maskulinum
   - **B** Femininum
   - **C** Neutrum

2. e/d'Land
   - **A** Maskulinum
   - **B** Femininum
   - **C** Neutrum

3. eng/d'Stad
   - **A** Maskulinum
   - **B** Femininum
   - **C** Neutrum

4. en/den Numm
   - **A** Maskulinum
   - **B** Femininum
   - **C** Neutrum

5. eng/d'Sprooch
   - **A** Maskulinum
   - **B** Femininum
   - **C** Neutrum

6. en/den Dag
   - **A** Maskulinum
   - **B** Femininum
   - **C** Neutrum

7. e/d'Kand
   - **A** Maskulinum
   - **B** Femininum
   - **C** Neutrum

8. e/de Mount
   - **A** Maskulinum
   - **B** Femininum
   - **C** Neutrum

B. Bei den folgenden Nomen ist das Genus angegeben. Wählen Sie die passende Artikelkombination aus.

1. Auto (Mask.)
   - **A** en/den
   - **B** en/d'

2. Duerf (Neutr.)
   - **A** eng/d'
   - **B** en/d'

3. Meedchen (Neutr.)
   - **A** eng/d'
   - **B** e/d'

Lösung Seite 57

4. Kaz (Fem.)

- **A** e/de
- **B** eng/d'

5. Brout (Neutr.)

- **A** eng/den
- **B** e/d'

6. Fra (Fem.)

- **A** eng/de
- **B** eng/d'

7. Vëlo (Mask.)

- **A** e/de
- **B** e/d'

8. Buch (Neutr.)

- **A** eng/d'
- **B** e/d'

Merke Der bestimmte Artikel für das Maskulinum lautet **den** (**de**), der für das Femininum, das Neutrum und den Plural **d'**. Um das Genus eines Substantivs mittels des Artikels zu erkennen, muss man auch den unbestimmten Artikel berücksichtigen: **en** (**e**) für das Maskulinum und das Neutrum, **eng** für das Femininum.

Fokus   Negation (Verneinung)

A. Bilden Sie die verneinte Form der Sätze.

1. Mir hunn en Auto.

- **A** Mir hu keng Auto.
- **B** Mir hu keen Auto.
- **C** Mir hunn net Auto.

2. De Jos huet eng Aarbecht.

- **A** De Jos huet keng Aarbecht.
- **B** De Jos net huet Aarbecht.
- **C** De Jos huet keen Aarbecht.

3. D'Anna huet en Hond.

- **A** D'Anna huet keng Hond.
- **B** D'Anna huet kee Hond.
- **C** D'Anna huet keen Hond.

4. De Pol an d'Josée hu Kanner.

Lösung
Seite 57

    A De Pol an d'Josée hu keng Kanner.

    B De Pol an d'Josée hu kee Kanner.

    C De Pol an d'Josée hu keen Kanner.

5. Ech iesse Brout.

    A Ech iesse keng Brout.

    B Ech iesse keen Brout.

    C Ech iesse kee Brout.

Merke Die verneinte Form des unbestimmten Artikels **en** bzw. **eng** ist **keen (kee)** bzw. **keng**. Im Plural existiert kein unbestimmter Artikel, die verneinte Form lautet **keng**.

B. Bilden Sie die verneinte Form der Sätze.

1. Mir fuere mam Auto.

    A Mir fuere mam Auto net.

    B Mir fueren net mam Auto.

    C Mir net fuere mam Auto.

2. De Jos huet vill Aarbecht.

    A De Jos huet keng vill Aarbecht.

    B De Jos net huet vill Aarbecht.

    C De Jos huet net vill Aarbecht.

3. D'Anna schafft all Dag.

    A D'Anna schafft net all Dag.

    B D'Anna schafft keen Dag.

    C D'Anna schafft all Dag net.

4. Mir wunnen an der Stad.

   Ⓐ Mir net wunnen an der Stad.

   Ⓑ Mir wunnen an der Stad net.

   Ⓒ Mir wunnen net an der Stad.

Lösung
Seite 57

5. Hien ass de Pierre.

   Ⓐ Hien ass net de Pierre.

   Ⓑ Hien ass kee Pierre.

   Ⓒ Hien ass de Pierre net.

> **Merke** Die Verneinungspartikel lautet **net**. Sie kann verschiedene Positionen im Satz einnehmen, jedoch steht sie im Allgemeinen vor dem Element, das verneint wird, allerdings nicht, wenn es sich bei diesem Element um ein Verb handelt.

*C. In welchem der Sätze steht die Negationspartikel **net** an der richtigen Stelle?*

1. Den Dokter schafft an enger Apdikt.

   Ⓐ Den Dokter net schafft an enger Apdikt.

   Ⓑ Den Dokter schafft an enger Apdikt net.

   Ⓒ Den Dokter schafft net an enger Apdikt.

2. Mir schaffen haut vill.

   Ⓐ Mir net schaffen haut vill.

   Ⓑ Mir schaffen haut net vill.

   Ⓒ Mir schaffen net haut vill.

3. Ech si Kächin vu Beruff.

   Ⓐ Ech si Kächin net vu Beruff.

   Ⓑ Ech si Kächin vu Beruff net.

   Ⓒ Ech sinn net Kächin vu Beruff.

4. De John ass am Chômage.

   A De John net ass am Chômage.

   B De John ass net am Chômage.

   C De John ass am Chômage net.

5. D'Françoise schafft de Moment.

   A D'Françoise schafft net de Moment.

   B D'Françoise schafft de Moment net.

   C D'Françoise net schafft de Moment.

Fokus **Männliche und weibliche Berufsbezeichnungen**

A. Wählen Sie die korrekte weibliche Berufsbezeichnung aus.

Lösung
Seite 57

1. Dokter

   A Dokterin   **B** Doktesch

2. Verkeefer

   A Verkeeferin   **B** Verkeefesch

3. Coiffer

   A Coiffeuse   **B** Coifferin

4. Informatiker

   A Informatikesch   **B** Informatikerin

5. Sekretär

   A Sekretäresch   **B** Sekretärin

6. Comptabel

   A Comptabelin   **B** Comptabel

7. Kach

   A Kacherin   **B** Kächin

8. Mecanicien

   A Mecanicienne   **B** Mecanicerin

B. Wie lautet die korrekte maskuline Berufsbezeichnung?

Lösung Seite 57

1. Apdiktesch
   - **A** Apdikter
   - **B** Apdikteur

2. Dolmetscherin
   - **A** Dolmetsch
   - **B** Dolmetscher

3. Receptionnistin
   - **A** Receptionnister
   - **B** Receptionnist

4. Serveuse
   - **A** Server
   - **B** Garçon

5. Léierin
   - **A** Léierer
   - **B** Schoulmeeschter

6. Bäckesch
   - **A** Bäcker
   - **B** Bäckerer

7. Educatrice
   - **A** Educateur
   - **B** Educater

8. Fotografin
   - **A** Fotografer
   - **B** Fotograf

Fokus **Präpositionen für Arbeitsstätten**

A. Ergänzen Sie die passende Präposition.

1. De Mecanicien schafft _____ enger Garage.
   - **A** an
   - **B** bei
   - **C** op

2. Den Infirmier schafft _____ engem Spidol.
   - **A** zu
   - **B** an
   - **C** bei

3. De Professer schafft _____ der Universitéit.
   - **A** op
   - **B** zu
   - **C** an

4. De Sekretär schafft _____ engem Dokter.

  Ⓐ bei   Ⓑ an   Ⓒ op

5. D'Julie schafft elo _____ Dikrech.

  Ⓐ op   Ⓑ bei   Ⓒ zu

> **Merke** Im Allgemeinen stehen drei Präpositionen zur Auswahl:
> **an** + Gebäude (z. B. **Buttek** *„Geschäft"*)
> **bei** + Person (z. B. **Dokter** *„Arzt"*)
> **op** + Behörden, öffentliche Orte (z. B. **Ministère** *„Ministerium"*, **Maart** *„Markt"*)
> **zu** wird für Städte, Ortschaften etc. benutzt (**zu Lëtzebuerg**).

Fokus **Berufe**

Lösung Seite 57

A. Ergänzen Sie die passende Berufsbeschreibung.

1. D'Kächin ...

  Ⓐ ... verkeeft Brout.   Ⓒ ... schafft an enger Kantin.

  Ⓑ ... reparéiert Maschinnen.   Ⓓ ... mécht Fotoen.

2. Den Iwwersetzer ...

  Ⓐ ... trainéiert um Stadion.   Ⓒ ... schafft vill mat Dictionnairen.

  Ⓑ ... schafft an enger Librairie.   Ⓓ ... léiert Lëtzebuergesch.

3. De Verkeefer ...

  Ⓐ ... schafft op engem Maart.   Ⓒ ... preparéiert Menüen.

  Ⓑ ... baakt Brout.   Ⓓ ... reparéiert Handyen.

4. Den Apdikter ...

  Ⓐ ... verkeeft Medikamenter.   Ⓒ ... kacht Platen.

  Ⓑ ... schreift Rapporten.   Ⓓ ... baut Haiser.

Modul 6
WORTSCHATZ

B. Welcher Beruf verbirgt sich hinter der Berufsbeschreibung?

Lösung
Seite 57

1. Hie schafft an enger Librairie.
   - **A** Hien ass Verkeefer.
   - **B** Hien ass Iwwersetzer.
   - **C** Hien ass Educateur.

2. Si schafft an engem Spidol.
   - **A** Si ass Coiffeuse.
   - **B** Si ass Doktesch.
   - **C** Si ass Bäckesch.

3. Hie schafft an enger Schoul.
   - **A** Hien ass Fotograf.
   - **B** Hien ass Comptabel.
   - **C** Hien ass Schoulmeeschter.

4. Si iwwersetzt simultan, wat d'Leit schwätzen.
   - **A** Si ass Dolmetscherin.
   - **B** Si ass Psychologin.
   - **C** Si ass Sekretärin.

5. Hie baut Haiser.
   - **A** Hien ass Archäolog.
   - **B** Hien ass Architekt.
   - **C** Hien ass Mecanicien.

Verben

bauen	*bauen*
schaffen	*arbeiten*
verkafen	*verkaufen*

kachen	*kochen*
baken	*backen*
léieren	*lernen; lehren*
iwwersetzen	*übersetzen*
reparéieren	*reparieren*
preparéieren	*vorbereiten*

Nomen

Dokter, Dokteren, m.	*Arzt*
Doktesch, Dokteschen, f.	*Ärztin*
Verkeefer, Verkeefer, m.	*Verkäufer*
Verkeeferin, Verkeeferinnen, f.	*Verkäuferin*
Coiffer, Coifferen, m.	*Friseur*
Coiffeuse, Coiffeusen, f.	*Friseurin*
Informatiker, Informatiker, m.	*Informatiker*
Informatikerin, Informatikerinnen, f.	*Informatikerin*
Sekretär, Sekretären, m.	*Sekretär*
Sekretärin, Sekretärinnen, f.	*Sekretärin*
Comptabel, Comptabelen, m./f.	*Buchhalter, -in*
Kach, Käch, m.	*Koch*
Kächin, Kächinnen, f.	*Köchin*
Apdikter, Apdikter, m.	*Apotheker*
Apdiktesch, Apdikteschen, f.	*Apothekerin*
Mecanicien, Mecanicienen, m.	*Mechaniker*
Mecanicienne, Mecaniciennen, f.	*Mechanikerin*
Iwwersetzer, Iwwersetzer, m.	*Übersetzer*
Iwwersetzerin, Iwwersetzerinnen, f.	*Übersetzerin*
Dolmetscher, Dolmetscher, m.	*Dolmetscher*

Modul 6
WORTSCHATZ

Dolmetscherin, Dolmetscherinnen, f.	*Dolmetscherin*
Garçon, Garçonen, m.	*Kellner*
Serveuse, Serveusen, f.	*Kellnerin*
Schoulmeeschter, Schoulmeeschter, m.	*(Grundschul-/Volksschul-)Lehrer*
Léierin, Léierinnen, f.	*Lehrerin*
Bäcker, Bäcker, m.	*Bäcker*
Bäckesch, Bäckeschen, f.	*Bäckerin*
Educateur, Educateuren, m.	*Erzieher*
Educatrice, Educatricen, f.	*Erzieherin*
Fotograf, Fotografen, m.	*Fotograf*
Fotografin, Fotografinnen, f.	*Fotografin*
Aarbecht, Aarbechten, f.	*Arbeit*
Beruff, Beruffer, m.	*Beruf*

Artikel

en	*ein*
eng	*eine*
keen	*kein (Mask., Neutr.)*
keng	*keine (Fem., Pl.)*
den	*der (Mask.)*
d'	*die (Fem., Neutr., Pl.)*
net	*nicht*

Grundlagen

SEITEN 47 - 48
Genus (grammatisches Geschlecht)/Artikel
A. 1 **B** 2 **C** 3 **B** 4 **A** 5 **B** 6 **A** 7 **C** 8 **A**
B. 1 **A** 2 **B** 3 **B** 4 **B** 5 **B** 6 **B** 7 **A** 8 **B**

. . . .

SEITEN 48 - 51
Negation (Verneinung)
A. 1 **B** 2 **A** 3 **C** 4 **A** 5 **C**
B. 1 **B** 2 **C** 3 **A** 4 **C** 5 **A**
C. 1 **C** 2 **B** 3 **C** 4 **B** 5 **B**

. . . .

SEITEN 51 - 52
Männliche und weibliche Berufsbezeichnungen
A. 1 **B** 2 **A** 3 **A** 4 **B** 5 **B** 6 **A** 7 **B** 8 **A**
B. 1 **A** 2 **B** 3 **B** 4 **B** 5 **B** 6 **A** 7 **A** 8 **B**

. . . .

SEITEN 52 - 53
Präpositionen für Arbeitsstätten
A. 1 **A** 2 **B** 3 **A** 4 **A** 5 **C**

. . . .

SEITEN 53 - 54
Berufe
A. 1 **C** 2 **C** 3 **A** 4 **A**
B. 1 **A** 2 **B** 3 **C** 4 **A** 5 **B**

Sie haben zwischen 0 und 19 Punkte? Wiederholen Sie noch einmal die Aufgaben, in denen Sie Fehler gemacht haben, und schauen Sie sich die entsprechenden Stellen erneut an.

Sie haben zwischen 20 und 39 Punkte? Das könnte ein wenig besser sein. Aber nicht verzagen!

Sie haben zwischen 40 und 56 Punkte? Großartig! Analysieren Sie Ihre Fehler, und wiederholen Sie nötigenfalls die Themen, die Sie noch nicht ganz beherrschen.

Sie haben 57 Punkte oder mehr? Dir sidd wierklech tipptopp!

Lösung
Seite 69

Fokus Wortschatz: Lebensmittel

A. Welcher Begriff passt nicht zu den anderen?

1. Wat ass kee Mëllechprodukt?

   A Kéis   **B** Ram   **C** Ham   **D** Botter

2. Wat ass keen Uebst?

   A Boun   **B** Apel   **C** Bir   **D** Piisch

3. Wat ass kee Geméis?

   A Paprika   **B** Drauf   **C** Ierbes   **D** Muert

4. Wat ass kee Gedrénks?

   A Limonad   **B** Waasser   **C** Jus   **D** Ueleg

5. Wat ass keng Séissegkeet?

   A Schockela   **B** Kamell   **C** Räis   **D** Knippchen

6. Wat ass kee Produit aus der Bäckerei/Pâtisserie?

   A Brot   **B** Kuch   **C** Taart   **D** Mëtsch

7. Wat ass kee Produit aus der Metzlerei/Charcuterie?

   A Zooss   **B** Poulet   **C** Kotelett   **D** Lyoner

8. Wat ass kee Produit aus dem Fëschrayon?

   A Frell   **B** Mull   **C** Hierk   **D** Zoossiss

Fokus Wortschatz: Verpackungen

A. Welche Verpackungsart bzw. welche Mengenangabe passt zu dem jeweiligen Produkt?

1. Nuddelen

   A e Pak   **B** eng Béchs   **C** e Glas

2. Waasser

   A e Stéck   **B** e Pak   **C** eng Fläsch

3. Gebeess

  Ⓐ en Tüb   Ⓑ e Glas   Ⓒ eng Tranche

4. Jughurt

  Ⓐ e Stéck   Ⓑ e Pak   Ⓒ en Dëppchen

5. Ananas

  Ⓐ eng Béchs   Ⓑ eng Dosen   Ⓒ en Tüb

6. Eeër

  Ⓐ e Stéck   Ⓑ e Glas   Ⓒ eng Dosen

7. Kamellen

  Ⓐ eng Tut   Ⓑ eng Béchs   Ⓒ eng Tranche

8. Kéis

  Ⓐ eng Fläsch   Ⓑ en Dëppchen   Ⓒ e Stéck

Fokus **Wortschatz: Geschäfte**

A. Ergänzen Sie das passende Geschäft.

1. Ech kafe Brout _____ .

  Ⓐ an der Bäckerei

  Ⓑ am Broutbuttek

  Ⓒ am Fleeschbuttek

Lösung Seite 69

2. Ech kafe Sandalen _____ .

  Ⓐ am Kleederbuttek

  Ⓑ am Sandalebuttek

  Ⓒ am Schongbuttek

3. Ech kafen e Roman _____ .

  Ⓐ am Romanbuttek

  Ⓑ am Bicherbuttek

  Ⓒ am Pabeierbuttek

4 Ech kafen eng Zäitschréft _____ .

   A am Bicherbuttek

   B am Zeitungsbuttek

   C am Miwwelbuttek

5 Ech kafen Tulpen _____ .

   A am Gedrénksbuttek

   B am Kaddosbuttek

   C am Blummebuttek

Merke Wie im Deutschen setzen sich die Bezeichnungen für Geschäfte aus dem Obergriff für die verkauften Produkte + dem Element **-buttek** zusammen: **Blummen** + **-buttek** ➙ **Blummebuttek** („*Blumenladen*"), **Schong** + **-buttek** ➙ **Schongbuttek** („*Schuhgeschäft*").

Fokus **Nützliche Verben: *kréien, huelen, kafen, verkafen***

*A. Ergänzen Sie die passende Konjugationsform des Verbs **kréien** im Präsens.*

Lösung Seite 69

1. Mir _____ eng Dosen Eeër.

   A kréien   **B** krinn   **C** kréiten

2. Wat _____ Dir?

   A krut   **B** kritt   **C** kréit

3. _____ du och eng Tut?

   A Kréis   **B** Krus   **C** Kriss

4. Ech _____ zwee Kaffi, wannechgelift.

   A krinn   **B** kréien   **C** kréis

5. Wat _____ de Client?

   A kriss   **B** kréien   **C** kritt

6. D'Kanner _____ haut eng Glace.

   Ⓐ kruten   Ⓑ kréien   Ⓒ krinn

7. D'Madame Scholtes _____ haut keng Mëllech.

   Ⓐ kréis   Ⓑ kriss   Ⓒ kritt

8. Wat _____ hatt beim Metzler?

   Ⓐ kréien   Ⓑ kritt   Ⓒ krit

B. Ergänzen Sie die passende Konjugationsform des Verbs huelen im Präsens.

Lösung Seite 69

1. Ech _____ och nach e Pond Tomaten.

   Ⓐ hëllen   Ⓑ huelen   Ⓒ huel

2. Den Här Kalmes _____ ni Mëllech an de Kaffi.

   Ⓐ huelt   Ⓑ hëllt   Ⓒ hëlt

3. Wat _____ Dir als Dessert?

   Ⓐ hëllt   Ⓑ huelt   Ⓒ huelet

4. Firwat _____ du keen Zocker?

   Ⓐ huels   Ⓑ hëls   Ⓒ hëlles

5. _____ d'Anna och e Glas Schampes?

   Ⓐ Hëlt   Ⓑ Huelt   Ⓒ Hellt

6. Mir _____ eng Entrée an en Haaptplat.

   Ⓐ hëllen   Ⓑ hollen   Ⓒ huelen

7. D'Leit _____ normalerweis e Kaffi nom Iessen.

   Ⓐ hollen   Ⓑ huelen   Ⓒ hëlt

8. D'Madame Santer _____ e klengen Aperitiv.

   Ⓐ huelt   Ⓑ hëllet   Ⓒ hëlt

C. Ergänzen Sie die passende Konjugationsform der Verben
***kafen** bzw. **verkafen** im Präsens.*

Lösung
Seite 69

1. De Client _____ nëmme frëscht Geméis.
   - **A** kaft
   - **B** kaaft
   - **C** keeft

2. Wou _____ Dir Äert Fleesch?
   - **A** keeft
   - **B** kaaft
   - **C** kafft

3. _____ de Blummebuttek och Vasen?
   - **A** Verkaaft
   - **B** Verkafft
   - **C** Verkeeft

4. Wat _____ du net am Supermarché?
   - **A** kaffs
   - **B** keefs
   - **C** kaafs

5. Op der Tankstell _____ si bal alles.
   - **A** verkaft
   - **B** verkaafen
   - **C** verkafe

6. Ech _____ ëmmer Saachen an der Reklamm.
   - **A** keefen
   - **B** kafen
   - **C** kaf

7. D'Lisa produzéiert a _____ Fantasiebijouen.
   - **A** verkeeft
   - **B** verkaaft
   - **C** verkafft

8. Mir _____ d'Eeër ëmmer beim Bauer.
   - **A** kaf
   - **B** kafen
   - **C** kaaften

Fokus **Plural von Nomen**

A. Wie lautet die korrekte Pluralform?

1. Pak
   - **A** Paken
   - **B** Päck
   - **C** Paks

2. Glas
   - **A** Glaser
   - **B** Glasen
   - **C** Glieser

3. Buttek
   - **A** Butteker
   - **B** Butteken
   - **C** Butteks

4. Apel

   (A) Apelen   (B) Äppel   (C) Äppelen

5. Bréitchen

   (A) Bréitchener   (B) Bréitercher   (C) Bréidercher

6. Fësch

   (A) Fësch   (B) Fëschen   (C) Fisch

7. Dëppchen

   (A) Dëppercher   (B) Dëppcher   (C) Dëppenchen

8. Kuch

   (A) Kich   (B) Kichen   (C) Kuchen

Merke Um den Plural zu bilden, fügt man häufig **-en** oder **-er** an ein Nomen an, jedoch ist dies keine allgemeingültige Regel. Es existieren zahlreiche Pluralformen im Luxemburgischen. Am besten lernt man sie auswendig.

Fokus **Ausdrücke beim Einkaufen**

Lösung Seite 69

A. Ergänzen Sie die passenden Wörter.

1. _____ wiem ass et?

   (A) U   (B) A   (C) Fir

2. Wat _____ Dir?

   (A) maacht   (B) kritt   (C) sot

3. Ech _____ e Kilo Tomaten.

   (A) géif gär   (B) hu gär   (C) hätt gär

4. Kritt Dir _____ nach eppes?

   (A) soss   (B) keen   (C) näischt

5. Ass dat _____?

   (A) vill   (B) alles   (C) wéineg

Lösung
Seite 69

6. Wéi vill _____ d'Orangen?

A kafen   B huelen   C kaschten

7. Ech _____ mat Kreditkaart bezuelen.

A hätt gär   B géif gär   C hu gär

8. Dat _____ zesummen zwanzeg Euro.

A mécht   B keeft   C hëlt

Fokus **Öffnungszeiten: Präpositionen und Adverbien**

A. Ergänzen Sie die passenden Wörter.

1. De Buttek huet _____ moies aacht _____owes aacht op.

A vu/bis   B ab/un

2. De Supermarché mécht samschdes _____ siwen Auer zou.

A bis   B um

3. Et ass keng Mëttespaus, et ass _____ op.

A riichtduerch   B riichtaus

4. Mir hunn all Dag _____ owes zéng Auer fir lech op.

A um   B bis

5. De Buttek ass _____ aacht Auer _____ fir eis Clienten op.

A vun/bis   B vun/u(n)

6. De Buttek ass all Dag op, _____ sonndes.

A nëmme(n)   B ausser

7. _____ wéi vill Auer mécht den Zeitungsbuttek zou?

A Ab   B Um

8. D'Tankstell ass _____ an _____ 24 op 24, op.

A Dag/Nuecht   B moies a mëttes

Fokus **Einkäufe erledigen**

A. Welche Antwort passt zu der gestellten Frage?

Lösung Seite 69

1. Wéini mécht de Supermarché op?

   A Um aacht Auer.

   B Vun aacht bis zwielef.

   C Ab aacht Auer.

2. Kritt Dir soss nach eppes?

   A Nee merci, ech kréien näischt.

   B Nee merci, dat ass alles.

   C Nee, ech kréien eppes.

3. U wiem ass et elo?

   A Et ass keen do.

   B Et ass net elo.

   C Et ass u mir.

4. Wat kascht dat alles?

   A Dat mécht zesumme 25 Euro.

   B Dat ass alles an der Reklamm.

   C Dat kascht haut vill.

5. Hätt Dir gär eng Plastikstut?

   A Nee merci, ech hunn eng Tut.

   B Jo merci, ech huele keng Tut.

   C Jo, ech géif gär eng Tut.

Modul 7
WORTSCHATZ

kréien	*erhalten*
huelen	*nehmen*
kafen	*kaufen*
verkafen	*verkaufen*
ech hätt gär + Nomen	*ich hätte gerne (+ Nomen)*
ech géif gär + Verb	*ich würde gern (+ Verb)*
opmaachen	*öffnen, aufmachen*
ophunn	*geöffnet/offen sein (Geschäft)*
op sinn	*geöffnet/offen sein (Geschäft)*
zoumaachen	*schließen*
zouhunn	*geschlossen sein (Geschäft)*
zou sinn	*geschlossen sein (Geschäft)*
kaschten	*kosten*

Nomen

Kéis, Kéisen, m.	*Käse*
Ram, f.	*Rahm, Sahne*
Ham, Hamen, f.	*Schinken*
Botter, m.	*Butter*
Boun, Bounen, f.	*Bohne*
Apel, Äppel, m.	*Apfel*
Bir, Biren, f.	*Birne*
Piisch, Pijen, f.	*Pfirsich*
Paprika, Paprikaen, f.	*Paprika*
Drauf, Drauwen, f.	*Traube*
Ierbes, Ierbessen, f.	*Erbse*
Muert, Muerten, f.	*Möhre*

Limonad, Limonaden, f.	*Limonade*
Jus, Jusen, m.	*Saft*
Waasser, Waasser, n.	*Wasser*
Ueleg, Ueleger, m.	*Öl*
Schockela, m.	*Schokolade*
Kamell, Kamellen, f.	*Bonbon*
Räis, m.	*Reis*
Knippchen, Knippercher, f.	*Praline*
Brot, Broten, m.	*Braten*
Brout, Brout, n.	*Brot*
Kuch, Kuchen, m.	*Kuchen*
Taart, Taarten, f.	*Torte*
Mëtsch, Mëtschen, f.	*Kaffeeteilchen*
Zooss, Zosen, f.	*Soße*
Zoossiss, Zoossissen, f.	*Salami, Dauerwurst*
Kotelett, Koteletten, f.	*Kotelett*
Poulet, Pouleten, m.	*Hähnchen*
Lyoner, m.	*Lyoner, Fleischwurst*
Frell, Frellen, f.	*Forelle*
Mull, Mullen, f.	*Muschel*
Hierk, Hierken, m.	*Hering*
Uebst, n.	*Obst*
Geméis, n.	*Gemüse*
Mëllechprodukt, Mëllechproduiten, m.	*Milchprodukt*
Gedrénks, n.	*Getränk*
Fësch, Fësch, m.	*Fisch*
Fleesch, n.	*Fleisch*
Bäckerei, Bäckereien, f.	*Bäckerei*

Metzlerei, Metzlereien, f.	*Metzgerei*
Buttek, Butteker, m.	*Geschäft*
Pak, Päck, m.	*Packung, Pack*
Béchs, Béchsen, f.	*Konservendose*
Glas, Glieser, n.	*Glas*
Stéck, Stécker, n.	*Stück*
Fläsch, Fläschen, f.	*Flasche*
Tüb, Tüben, m.	*Tube*
Dëppchen, Dëppercher, n.	*Töpfchen, Becher*
Dosen, Dosen, f.	*Dutzend*
Tut, Tuten, f.	*Tüte*
Tranche, Tranchen, f.	*Scheibe*

Wendungen/Wichtige Ausdrücke

Soss nach eppes?	*Wünschen Sie sonst noch etwas?*
Dat ass alles.	*Das ist alles.*
U wiem ass et?	*Wer ist an der Reihe?*
Et ass u mir.	*Ich bin an der Reihe.*
riichtduerch	*ununterbrochen*
alles	*alles*
näischt	*nichts*
vill	*viel*
wéineg	*wenig*

Präpositionen

vun ... bis ...	*von ... bis ...*
um	*um (+ Uhrzeit)*
nëmmen	*nur, ausschließlich*
ausser	*außer*

Grundlagen

SEITE 58

Wortschatz: Lebensmittel

A. 1 **C** 2 **A** 3 **B** 4 **D** 5 **C** 6 **A** 7 **A** 8 **D**

. . . .

SEITEN 58 - 59

Wortschatz: Verpackungen

A. 1 **A** 2 **C** 3 **B** 4 **C** 5 **A** 6 **C** 7 **A** 8 **C**

. . . .

SEITEN 59 - 60

Wortschatz: Geschäfte

A. 1 **A** 2 **C** 3 **B** 4 **B** 5 **C**

. . . .

SEITEN 60 - 62

Nützliche Verben: **kréien, huelen, kafen, verkafen**

A. 1 **A** 2 **B** 3 **C** 4 **B** 5 **C** 6 **B** 7 **C** 8 **B**
B. 1 **B** 2 **C** 3 **B** 4 **B** 5 **A** 6 **C** 7 **B** 8 **C**
C. 1 **C** 2 **B** 3 **C** 4 **B** 5 **B** 6 **B** 7 **A** 8 **B**

. . . .

SEITEN 62 - 63

Plural von Nomen

A. 1 **B** 2 **C** 3 **A** 4 **B** 5 **C** 6 **A** 7 **A** 8 **C**

. . . .

SEITEN 63 - 64

Ausdrücke beim Einkaufen

A. 1 **A** 2 **B** 3 **C** 4 **A** 5 **B** 6 **C** 7 **B** 8 **A**

. . . .

SEITE 64

Öffnungszeiten: Präpositionen und Adverbien

A. 1 **A** 2 **B** 3 **A** 4 **B** 5 **B** 6 **B** 7 **B** 8 **A**

. . . .

SEITE 65

Einkäufe erledigen

A. 1 **A** 2 **B** 3 **C** 4 **A** 5 **A**

Sie haben zwischen 0 und 23 Punkte? Wiederholen Sie noch einmal die Aufgaben, in denen Sie
Fehler gemacht haben, und schauen Sie sich die entsprechenden Stellen erneut an.
Sie haben zwischen 24 und 47 Punkte? Das könnte ein wenig besser sein. Aber nicht verzagen!
Sie haben zwischen 48 und 69 Punkte? Großartig! Analysieren Sie Ihre Fehler, und wiederholen
Sie nötigenfalls die Themen, die Sie noch nicht ganz beherrschen.
Sie haben 70 Punkte oder mehr? Dir sidd wierklech tipptopp!

Fokus **Wortschatz: Familienmitglieder**

Lösung
Seite 79

A. Wie lautet jeweils das weibliche bzw. das männliche Pendant?

1. Papp
   - **A** Mamm
   - **B** Mudder

2. Schwëster
   - **A** Brudder
   - **B** Bro

3. Tatta
   - **A** Enkel
   - **B** Monni

4. Schwéiesch
   - **A** Schwéierer
   - **B** Schwoer

5. Eedem
   - **A** Eedemin
   - **B** Schnauer

6. Jong
   - **A** Meedchen
   - **B** Kand

7. Cousine
   - **A** Koseng
   - **B** Cousiner

8. Neveu
   - **A** Neveuesch
   - **B** Niess

B. Wie lautet das jeweilige Äquivalent?

1. De Papp vum Papp
   - **A** Groussvatter
   - **B** Grousspapp
   - **C** Grousspa

2. D'Schwëster vum Mann
   - **A** Schnauer
   - **B** Schwéiesch
   - **C** Schwéiermamm

3. De Brudder vum Papp
   - **A** Neveu
   - **B** Cousin
   - **C** Monni

4. D'Kand (männlich)

   A Meedchen   **B** Jong   **C** Duechter

5. D'Meedche vun der Tatta

   A Niess   **B** Cousine   **C** Schwëster

6. Papp a Mamm

   A Kanner   **B** Geschwëster   **C** Elteren

7. Anert Kand vun den Elteren

   A Brudder   **B** Bopa   **C** Jong

8. De Mann vum Meedchen

   A Schwoer   **B** Jong   **C** Eedem

Fokus **Possessivpronomen im Nominativ und Akkusativ**

Lösung
Seite 79

A. Ergänzen Sie das passende Possessivpronomen.

1. _____ Mamm huet 90 Joer.

   A Mäi   **B** Menge   **C** Meng

2. Wou wunnen _____ Elteren?

   A deng   **B** däin   **C** dengen

3. D'Anna geet bei _____ Boma iessen.

   A seng   **B** säin   **C** senger

4. Am Summer besiche mir _____ Tatta an den U.S.A.

   A eisen   **B** eis   **C** eist

5. Lieft _____ Grousspapp nach?

   A Äert   **B** Äre   **C** Ären

6. D'Eltere bréngen _____ Kand an d'Schoul.

   A hiert   **B** hir   **C** säi

7. Den Tom gesäit _____ Monni net dacks.

    A säi   **B** seng   **C** hire

8. D'Madame Roob huet _____ Mann gär.

    A säin   **B** seng   **C** hire

B. Ergänzen Sie das Nomen, das zu dem angegebenen Possessivpronomen passt.

Lösung Seite 79

1. Meng _____ huet 25 Joer.

    A Papp   **B** Brudder   **C** Schwëster

2. Wou wunnt däi _____?

    A Monni   **B** Tatta   **C** Cousine

3. Wéi ass Ären _____?

    A Adress   **B** Telefonsnummer   **C** Numm

4. Wéini besiche mir eist _____?

    A Kand   **B** Jong   **C** Duechter

5. Seng _____ schafft an der Stad.

    A Schwëstere   **B** Schwëster   **C** Geschwëster

6. Eisen _____ ass Polizist vu Beruff.

    A Niess   **B** Eedem   **C** Fils

7. Kenns du hiert _____?

    A Duechter   **B** Meedchen   **C** Kanner

8. Wéi heeschen deng _____?

    A Schwëster   **B** Geschwëster   **C** Brudder

Merke Das Possessivpronomen richtet sich nach dem Objekt, das das „Besitztum" darstellt (und das das Genus und den Numerus bestimmt), sowie nach dem „Besitzer", der das eigentliche Pronomen bestimmt: In der 3. Person Singular kann der „Besitzer" männlich (**hien**), weiblich (**si**) oder neutral (**hatt**) sein. Im Plural lautet das Pronomen immer **si**.

Fokus **Possessivpronomen in der 3. Person Singular und Plural**

A. Ergänzen Sie das passende Possessivpronomen.

1. Meng Mamm an_____ Brudder.
   - **A** säi
   - **B** hire

   Lösung Seite 79

2. Meng Schwëster an _____ Frënd.
   - **A** säi
   - **B** hire

3. De Chris an _____ Schwëster.
   - **A** seng
   - **B** hir

4. Mäi Brudder an _____ Frëndin.
   - **A** seng
   - **B** hir

5. Deng Elteren an _____ Geschwëster.
   - **A** seng
   - **B** hir

6. D'Claudia an _____ Tatta.
   - **A** seng
   - **B** hir

7. Eis Bridder an _____ Frënn.
   - **A** seng
   - **B** hir

8. Är Groussmamm an _____ Brudder.
   - **A** säi
   - **B** hire

B. Ergänzen Sie das Possessivpronomen, das zum „Besitzer" passt.

1. D'Marie huet _____ Papp gär.
   - **A** säi
   - **B** seng
   - **C** hire
   - **D** hir

2. D'Kanner hunn _____ Eltere gär.
   - **A** seng
   - **B** hir
   - **C** hiren
   - **D** säin

3. D'Elteren hunn _____ Kanner gär.
   - **A** hiren
   - **B** hir
   - **C** säin
   - **D** hiert

4. De Jos huet _____ Fra gär.

   (A) hir (B) seng (C) säi (D) hire

5. D'Josette huet _____ Mann gär.

   (A) seng (B) hire (C) hir (D) säi

6. D'Madame Weber huet _____ Meedche gär.

   (A) säi (B) hiert (C) hir (D) seng

7. Den Här Weber huet _____ Jong gär.

   (A) seng (B) säi (C) hire (D) säint

8. Si hunn _____ Famill gär.

   (A) seng (B) hir (C) säi (D) hire

Fokus **Possessivpronomen und possessiver Dativ**

A. Finden Sie das passende Äquivalent.

1. De Papp vum Guy.

   (A) Dem Guy seng Papp.

   (B) De Guy seng Papp.

   (C) Dem Guy säi Papp.

**Lösung
Seite 79**

2. D'Mamm vum Nadia.

   (A) Dem Nadia seng Mamm.

   (B) Der Nadia seng Mamm.

   (C) D'Nadia hir Mamm.

3. D'Schwëster vum Här Quintus.

   (A) Den Här Quintus hir Schwëster.

   (B) Dem Här Quintus seng Schwëster.

   (C) Dem Här Quintus hirer Schwëster.

4. D'Haus vun der Famill Seyler.

  Ⓐ Der Famill Seyler säin Haus.

  Ⓑ Dem Famill Seyler hiren Haus.

  Ⓒ Der Famill Seyler hiert Haus.

5. De Brudder vun der Madame Sauber.

  Ⓐ Der Madame Sauber hire Brudder.

  Ⓑ Der Madame Sauber säi Brudder.

  Ⓒ D'Madame Sauber hir Brudder.

Merke Der „possessive Dativ", eine Eigenart des Luxemburgischen, stellt eine Beziehung zwischen dem „Besitzer" (erstes Element im Dativ, Artikel daher im Dativ) und dem „Besitztum" (zweites Element) her, verbunden durch das entsprechende Possessivpronomen. **Dem Jos säi Papp** wäre also wörtlich *„Dem Jos sein Vater"* (*„Der Vater von Jos"*).

B. Welche Antwort passt zu der gestellten Frage?

Lösung
Seite 79

1. Wie schafft an der Stad?

  Ⓐ Dem Philippe seng Mamm.

  Ⓑ D'Mamm hirem Philippe.

  Ⓒ D'Mamm vum Philippe.

2. Wien huet 90 Joer?

  Ⓐ Dem Serge seng Papp.

  Ⓑ De Papp vum Serge.

  Ⓒ Dem Serge säi Papp.

3. Wie kuckt gär d'Tëlee?

  Ⓐ D'Meedche vum Sandra.

  Ⓑ Dem Sandra hiert Meedchen.

  Ⓒ Dem Sandra säi Meedchen.

4. Wien ass de Chef?

(A) Dem Här Krier seng Fra.

(B) D'Fra dem Här Krier seng.

(C) Dem Fra seng Här Krier.

5 Wien drénkt vill Kaffi?

(A) Dem Pauline seng Mamm.

(B) Dem Pauline senger Mamm.

(C) Der Pauline d'Mamm.

C. Welcher possessive Dativ entspricht dem jeweiligen Satz?

Lösung Seite 79

1. Carole/Mamm ass Coiffeuse.

(A) Dem Carole hir Mamm   (B) Dem Carole seng Mamm

2. Här Kieffer/Fra kacht net gär.

(A) Der Fra hiren Här Kieffer   (B) Dem Här Kieffer seng Fra

3. Geschwëster/Eltere wunnen an der Stad.

(A) De Geschwëster hir Eltere   (B) D'Geschwëster hir Elteren

4. Josiane/Boma danzt gär.

(A) Der Josiane hir Boma   (B) Dem Josiane seng Boma

5. Kanner/Grousseltere si schonn al.

(A) De Kanner hir Grousseltere   (B) D'Kanner hire Grousseltere

Fokus   **Familienmitglieder und Possessivpronomen**

A. Ergänzen Sie die Sätze.

Lösung Seite 79

1. D'Mathilde huet dräi Kanner, _____.

(A) seng Kanner sinn nach kleng.

(B) säi Kand ass an der Schoul

(C) hir Kanner hunn aacht Joer

(D) si mécht Sport

2. Ass Thomas _____?

   A deng Papp säin Numm

   B däi Brudder hiren Numm

   C däi Virnumm oder däi Familljennumm

   D denger Familljennumm

3. D'Tanja wunnt an der Stad, _____.

   A seng Eltere wunnen um Land

   B hiert Haus ass sengen Elteren

   C sengen Eltere hunn en Haus do

   D dem Tanja säin Elteren net

4. Mäi Brudder schafft op der Post, _____.

   A seng Fra ass Léierin

   B meng Brudder senger Fra ass Léierin

   C hir Fra ass Proff

   D dem Fra vun him ass Proff

Nomen

Papp, Pappen, m.	*Vater*
Mamm, Mammen, f.	*Mutter*
Grousspapp, Grousspappen, m.	*Großvater*
Groussmamm, Groussmammen, f.	*Großmutter*
Elteren, Pl.	*Eltern*
Grousselteren, Pl.	*Großeltern*
Kand, Kanner, n.	*Kind*
Enkel, Enkel, m.	*Enkel*
Enkelin, Enkelinnen, f.	*Enkelin*
Mann, Männer, m.	*Mann, Ehemann*

Modul 8
WORTSCHATZ

Fra, Fraen, f.	*Frau, Ehefrau*
Jong, Jongen, m.	*Junge, Sohn*
Meedchen, Meedercher, n.	*Mädchen*
Fils, Filssen, m.	*Sohn*
Duechter, Duechteren, f.	*Tochter*
Brudder, Bridder, m.	*Bruder*
Schwëster, Schwësteren, f.	*Schwester*
Geschwëster, Pl.	*Geschwister*
Schwoer, Schwoeren, m.	*Schwager*
Schwéiesch, Schwéieschen, f.	*Schwägerin*
Schnauer, Schnaueren, f.	*Schwiegertochter*
Eedem, Eedemen, m.	*Schwiegersohn*
Schwéiermamm, Schwéiermammen, f.	*Schwiegermutter*
Schwéierpapp, Schwéierpappen, m.	*Schwiegervater*
Schwéierelteren, Pl.	*Schwiegereltern*
Cousin/Koseng, Cousinen/Kosengen, m.	*Cousin*
Cousine, Cousineën, f.	*Cousine*
Neveu, Neveuen, m.	*Neffe*
Niess, Niessen, f.	*Nichte*

Grundlagen

IHR
PUNKTE-
STAND:

SEITEN 70 - 71
Wortschatz: Familienmitglieder
A. 1 **A** 2 **A** 3 **B** 4 **B** 5 **B** 6 **A** 7 **A** 8 **B**
B. 1 **B** 2 **B** 3 **C** 4 **B** 5 **B** 6 **C** 7 **A** 8 **C**

. . . .

SEITEN 71 - 72
Possessivpronomen im Nominativ und Akkusativ
A. 1 **C** 2 **A** 3 **A** 4 **B** 5 **B** 6 **A** 7 **A** 8 **C**
B. 1 **C** 2 **A** 3 **C** 4 **A** 5 **B** 6 **B** 7 **B** 8 **B**

. . . .

SEITEN 73 - 74
Possessivpronomen in der 3. Person Singular und Plural
A. 1 **B** 2 **B** 3 **A** 4 **A** 5 **B** 6 **A** 7 **B** 8 **B**
B. 1 **A** 2 **B** 3 **B** 4 **B** 5 **D** 6 **B** 7 **B** 8 **B**

. . . .

SEITEN 74 - 76
Possessivpronomen und possessiver Dativ
A. 1 **C** 2 **A** 3 **B** 4 **C** 5 **A**
B. 1 **A** 2 **C** 3 **C** 4 **A** 5 **A**
C. 1 **B** 2 **B** 3 **A** 4 **B** 5 **A**

. . . .

SEITE 76
Familienmitglieder und Possessivpronomen
A. 1 **A** 2 **C** 3 **A** 4 **A**

Sie haben zwischen 0 und 21 Punkte? Wiederholen Sie noch einmal die Aufgaben, in denen Sie Fehler gemacht haben, und schauen Sie sich die entsprechenden Stellen erneut an.
Sie haben zwischen 22 und 43 Punkte? Das könnte ein wenig besser sein. Aber nicht verzagen!
Sie haben zwischen 44 und 62 Punkte? Großartig! Analysieren Sie Ihre Fehler, und wiederholen Sie nötigenfalls die Themen, die Sie noch nicht ganz beherrschen.
Sie haben 63 Punkte oder mehr? Dir sidd wierklech tipptopp!

Modul 9
GRUNDLAGEN

Fokus **Deklination von Adjektiven im Nominativ und Akkusativ**

A. Wie lautet die passende Deklinationsform des Adjektivs?

Lösung Seite 91

1. De Mann ass kleng.
   - **A** De kleng Mann.
   - **B** De Mann klengen.
   - **C** De klenge Mann.

2. D'Fra ass jonk.
   - **A** Déi jonke Fra.
   - **B** Déi jonk Fra.
   - **C** Déi Fra jonk.

3. D'Meedchen ass grouss.
   - **A** Dat grouss Meedchen.
   - **B** Dat grousse Meedchen.
   - **C** Dat grousst Meedchen.

4. D'Leit sinn al.
   - **A** D'ale Leit.
   - **B** D'Leit alen.
   - **C** Déi al Leit.

5. D'Hoer si laang.
   - **A** De laangen Hoer.
   - **B** Déi laang Hoer.
   - **C** Déi laangen Hoer.

6. Den Hond ass léif.
   - **A** De léifen Hond.
   - **B** De léiw Hond.
   - **C** De léiwen Hond.

7. De Frënd ass gutt.

Ⓐ De gutte Frënd.

Ⓑ De gudde Frënd.

Ⓒ D'gudd Frënd.

Lösung
Seite 91

Merke Das attributive Adjektiv steht stets vor dem Nomen und richtet sich in der Deklination in Genus und Numerus nach diesem. Oft wird der bestimmte Artikel **d'** für das Femininum, das Neutrum und den Plural durch den betonenden Artikel **déi**, **dat** bzw. **déi** ersetzt. Das **-f** am Ende des Adjektivs wird vor einem Vokal oft zu **-w** und das **-t** zu **-d**.

B. Ergänzen Sie die passende Deklinationsform des Adjektivs.

1. Mäi Mann huet eng _____ Nues.

   Ⓐ laang   Ⓑ laangen   Ⓒ laangt

2. Meng Frëndin huet _____ Hänn.

   Ⓐ klengen   Ⓑ kleng   Ⓒ klenger

3. Mäi Fils huet _____ Aen.

   Ⓐ blot   Ⓑ bloen   Ⓒ blo

4. Meng Schwëster huet _____ Oueren.

   Ⓐ groussen   Ⓑ grousst   Ⓒ grouss

5. Meng Duechter huet e _____ Mond.

   Ⓐ schéine   Ⓑ schéint   Ⓒ schéin

6. Mäi Papp huet e _____ Baart.

   Ⓐ laange   Ⓑ laangen   Ⓒ laang

7. Meng Mamm huet eng _____ Taille.

   Ⓐ schmuelen   Ⓑ schmueler   Ⓒ schmuel

8. Mäin Neveu huet e _____ Gesiicht.

   Ⓐ ronnt   Ⓑ ronne   Ⓒ ronn

Modul 9
GRUNDLAGEN

> **Merke** Die Deklination bleibt unverändert, egal, ob dem Adjektiv ein bestimmter oder unbestimmter Artikel, ein Demonstrativ- oder Possessivpronomen vorangeht. Die Endung für das Maskulinum ist **-en** (bzw. je nach **n**-Regel **-e**), Femininum und Plural erhalten keine Endung, und die Neutrumsendung lautet **-t**.

Fokus **Wortschatz: Körper und Personenbeschreibung**

A. Welcher Begriff passt nicht?

1. D'Hoer si _____.
   - **A** glat
   - **B** gekrauselt
   - **C** ronn

2. D'Gesiicht ass _____.
   - **A** oval
   - **B** ronn
   - **C** kuerz

3. D'Nues ass _____.
   - **A** schmuel
   - **B** jonk
   - **C** laang

4. Den Hals ass _____.
   - **A** déck
   - **B** nei
   - **C** laang

5. De Kapp ass _____.
   - **A** kuerz
   - **B** kleng
   - **C** déck

6. D'Féiss sinn _____.
   - **A** oval
   - **B** grouss
   - **C** kleng

7. De Bauch ass _____.
   - **A** flaach
   - **B** laang
   - **C** déck

8. D'Schëllere si _____.
   - **A** kuerz
   - **B** breet
   - **C** schmuel

Fokus **Wortschatz: Kleidung**

A. Welcher Begriff passt nicht?

1. Um Kapp hu mir _____.
   - **A** en Hutt
   - **B** en Hiem
   - **C** eng Kap

Lösung Seite 91

2. Un de Been hu mir _____.

- **A** e Pullover
- **B** eng Box
- **C** e Short

3. Männer doen _____un.

- **A** e Kostüm
- **B** e Mantel
- **C** e Rack

4. Un de Féiss hu mir_____.

- **A** Stiwwelen
- **B** Händschen
- **C** Schlappen

5. Ronderëm den Hals hu mir _____.

- **A** eng Krawatt
- **B** e Rimm
- **C** eng Méck

6. Wann et kal ass, doe mir _____un.

- **A** e Schal
- **B** Händschen
- **C** e Maillot

7. Ënnert dem Pullover hu mir _____.

- **A** eng Blus
- **B** eng Jackett
- **C** en Hiem

8. Wann et waarm ass, doe mir _____ un.

- **A** en Anorak
- **B** en T-Shirt
- **C** eng Jupe

Fokus **Wortschatz: Diverses**

⭐ **Lösung Seite 91**

A. Welcher Begriff passt zu der gestellten Frage?

1. Wat ass keng Faarf?

- **A** blo
- **B** ellen
- **C** gréng
- **D** giel

2. Wat ass kee Muster?

- **A** getëppelt
- **B** karéiert
- **C** gesträift
- **D** gescheit

3. Wat ass kee Kierperdeel?

- **A** Aarm
- **B** Been
- **C** Kap
- **D** Gesiicht

4. Wat passt net bei Hoer?

- **A** glat
- **B** brong
- **C** laang
- **D** schlank

5. Wat ass kee Kleedungsstéck?

- **A** Mutz
- **B** Kënn
- **C** Kleed
- **D** Strëmp

6. Wat passt hei net?

A Mantel **B** Jackett **C** Hiem **D** Anorak

7. Wat ass normalerweis kee Kleedungsstéck fir Männer?

A Blus **B** Hiem **C** Kap **D** Gilet

8. Wat ass kee positiivt Wuert fir eng Persoun?

A schéin **B** schlank **C** ellen **D** flott

B. Welcher Satz drückt das Gegenteil des angegebenen Satzes aus?

Lösung
Seite 91

1. De Chris ass intelligent a grouss.

A De Chris ass schlank an domm.

B De Chris ass domm a kleng.

C De Chris ass domm a kuerz.

2. D'Maja ass schéin an interessant.

A D'Maja ass flott a fläisseg.

B D'Maja ass ellen an domm.

C D'Maja ass ellen a langweileg.

3. D'Jackett ass liicht a modern.

A D'Jackett ass schwéier an deier.

B D'Jackett ass waarm an almoudesch.

C D'Jackett ass dënn an al.

4. Seng Hoer si laang a glat.

A Seng Hoer si kuerz a gekrauselt.

B Seng Hoer si kleng a blond.

C Seng Hoer sinn hell a gekrauselt.

5   Mäin Noper ass al a granzeg.

   A Mäin Noper ass jonk a flott.

   B Mäin Noper ass jonk a frëndlech.

   C Mäin Noper ass nei a schéin.

Fokus   **Konjugation der Verben** *unhunn/undoen/ausdoen*

Lösung
Seite 91

A. Ergänzen Sie die passende Verbform.

1. De Jacques _____ säi Mantel aus.

   A dot   **B** ditt   **C** deet

2. Wat _____ Dir den Owend un?

   A ditt   **B** deet   **C** dott

3. _____ du eng Blus oder en T-Shirt un?

   A Dos   **B** Dees   **C** Doens

4. Ech _____ net gär eng Jupe un.

   A doen   **B** don   **C** deen

5. D'Isabelle _____ seng Schong doheem aus.

   A dot   **B** deet   **C** doet

6. D'Kanner _____ net gär eng Mutz un.

   A dinn   **B** don   **C** doten

7. Mir _____ e Kostüm un, fir an den Theater ze goen.

   A doen   **B** doten   **C** daen

8. _____ d'Madame hir Jackett net aus?

   A Deet   **B** Deetet   **C** Dot

Merke   **undoen** („*ein Kleidungsstück anziehen*"), **ausdoen** („*ein Kleidungsstück aus-ziehen*") und **unhunn** („*ein Kleidungsstück tragen*") sind trennbare Verben. In einem Haupt-satz stehen die Partikeln **un-** und **aus-** am Satzende.

Lösung Seite 91

B. Ergänzen Sie das passende Verb.

1. Ech ginn duschen, ech _____ meng Kleeder _____.

   A doen/aus   **B** hunn/un

2. Et ass kal, ech _____ e Mantel _____.

   A hunn/un   **B** doen/aus

3. Ech _____ keng Jackett _____, et ass waarm.

   A doen/aus   **B** hunn/un

4. Wat _____ du dann do_____? Dat ass ganz almoudesch!

   A hues/un   **B** dees/un

5. Ech _____ haut eng laang Box _____.

   A doen/aus   **B** hunn/un

6. Fir Sport ze maachen, _____ mir eng Joggingsbox _____.

   A doen/un   **B** doen/aus

Fokus Komparativ (Vergleichsform)

A. Ergänzen Sie die passende Komparativform (+ mehr, - weniger, = gleich)

1. De Charel ass _____ (+) grouss wéi säi Papp.

   A méi   **B** esou   **C** manner

2. D'Ella ass _____ (-) schéi wéi d'Bella.

   A net esou   **B** méi   **C** besser

3. Säi Bauch ass _____ (+) déck wéi seng Been.

   A esou   **B** méi   **C** manner

4. D'Sonia ass _____ (=) al wéi ech.

   A esou   **B** méi   **C** léiwer

5. De Jos huet _____ (-) Hoer wéi de Jang.

   A méi   **B** manner   **C** besser

6. Meng Hoer si _____ (+) laang wéi deng.

   Ⓐ méi   Ⓑ esou   Ⓒ léiwer

7. Ech hu _____ (+) Kleeder wéi mäi Mann.

   Ⓐ manner   Ⓑ méi   Ⓒ besser

8. Seng Jupe ass _____ (-) laang wéi deng.

   Ⓐ net esou   Ⓑ méi   Ⓒ esou

B. Welcher Satz vermittelt dieselbe Information wie die genannten Angaben?

Lösung Seite 91

1. Claude: 1,80 m, Maurice: 1,75 m

   Ⓐ De Claude ass méi kleng wéi de Maurice.

   Ⓑ De Claude ass méi grouss wéi de Maurice.

   Ⓒ De Maurice ass méi grouss wéi de Claude.

2. Gilles: 80 kg, Jil: 60 kg

   Ⓐ De Gilles ass méi liicht wéi d'Jil.

   Ⓑ D'Jil weit méi wéi de Gilles.

   Ⓒ De Gilles ass méi schwéier wéi d'Jil.

3. Marie: 22 Joer, Maxime: 25 Joer

   Ⓐ D'Marie ass net esou al wéi de Maxime.

   Ⓑ De Maxime ass méi jonk wéi d Marie.

   Ⓒ De Maxime an d'Marie sinn d'selwecht al.

4 Madame Kirsch: 4 Kanner, Madame Hübsch: 2 Kanner

   Ⓐ D'Mme Kirsch huet méi Kanner wéi d'Mme Hübsch.

   Ⓑ D'Mme Hübsch huet esou vill Kanner wéi d'Mme Kirsch.

   Ⓒ D'Mme Kirsch huet manner Kanner wéi d'Mme Hübsch.

Lösung
Seite 91

5. Mike: 6 Joer zu Lëtzebuerg; Teresa: 4 Joer zu Lëtzebuerg

A D'Teresa wunnt méi laang zu Lëtzebuerg wéi de Mike.

B De Mike wunnt net esou laang zu Lëtzebuerg wéi d'Teresa.

C D'Teresa wunnt net esou laang zu Lëtzebuerg wéi de Mike.

Merke Der regelmäßige Komparativ wird entweder mit **méi ... wéi ...** (Überlegenheit), **net esou ... wéi .../manner ... wéi ...** (Unterlegenheit) oder **esou ... wéi ...** (Gleichheit) gebildet.

Verben

ausdoen	*ausziehen (Kleidung)*
undoen	*anziehen (Kleidung)*
unhunn	*tragen (Kleidung)*

Nomen

Hoer, Hoer, n.	*Haar, Haare*
Gesiicht, Gesiichter, n.	*Gesicht*
Kapp, Käpp, m.	*Kopf*
Nues, Nuesen, f.	*Nase*
A, Aen, n.	*Auge*
Ouer, Oueren, n.	*Ohr*
Mond, Mënner, m.	*Mund*
Kënn, Kënner, m.	*Kinn*
Hals, Häls, m.	*Hals*
Hand, Hänn, f.	*Hand*
Fouss, Féiss, m.	*Fuß*
Aarm, Äerm, m.	*Arm*
Been, Been, n.	*Bein*
Bauch, Bäich, m.	*Bauch*
Schëller, Schëlleren, f.	*Schulter*
Hutt, Hitt, m.	*Hut*

Mutz, Mutzen, f.	*Mütze*
Kap, Kapen, f.	*Kappe*
Schal, Schalen, m.	*Schal*
Rimm, Rimmer, m.	*Gürtel*
Stiwwel, Stiwwelen, m.	*Stiefel*
Schlapp, Schlappen, f.	*Pantoffel*
Box, Boxen, f.	*Hose*
Jupe, Juppen, f.	*Rock*
Rack, Räck, m.	*Kleid*
Kleed, Kleeder, n.	*Kleid*
Kleedungsstéck, -stécker, n.	*Kleidung(sstück)*
Kleeder, Pl. / Gezei, n.	*Kleidung(sstück)*
Jackett, Jacketten, f.	*Jacke*
Anorak, Anoraken, m.	*Anorak*
Mantel, Mäntel, m.	*Mantel*
Händsch, Händschen, f.	*Handschuh*
Krawatt, Krawatten, f.	*Krawatte*
Méck, Mécken, f.	*Fliege*
Kostüm, Kostümer, m.	*Kostüm*
Hiem, Hiemer, n.	*Hemd*
Blus, Blusen, f.	*Bluse*
T-Shirt, T-Shirten, m.	*T-Shirt*
Maillot, Mailloten, m.	*Badeanzug*

Adjektive

grouss	*groß*
kleng	*klein*
al	*alt*
jonk	*jung*
schéin	*schön*
ellen	*hässlich*

léif	*nett*
granzeg	*mürrisch, missgestimmt*
kuerz	*kurz*
laang	*lang*
schmuel	*dünn, mager, schmal*
breet	*breit*
déck	*dick*
dënn	*dünn*
schlank	*schlank*
gekrauselt	*gekräuselt*
glat	*glatt*
gesträift	*gestreift*
getëppelt	*gepunktet*
karéiert	*kariert*
giel	*gelb*
gréng	*grün*
liicht	*leicht*
schwéier	*schwer*
domm	*dumm*
gescheit	*intelligent*
langweileg	*langweilig*
fläisseg	*fleißig*
liddereg	*faul*
almoudesch	*altmodisch*

GRUNDLAGEN

IHR
PUNKTE-
STAND:

SEITEN 80 - 81
Deklination von Adjektiven im Nominativ und Akkusativ
A. 1 **C** 2 **B** 3 **C** 4 **C** 5 **B** 6 **C** 7 **B**
B. 1 **A** 2 **B** 3 **C** 4 **C** 5 **A** 6 **A** 7 **C** 8 **A**

· ·

SEITE 82
Wortschatz: Körper und Personenbeschreibung
A. 1 **C** 2 **C** 3 **B** 4 **B** 5 **A** 6 **A** 7 **B** 8 **A**

· ·

SEITE 82 - 83
Wortschatz: Kleidung
A. 1 **B** 2 **A** 3 **C** 4 **B** 5 **B** 6 **C** 7 **B** 8 **A**

· ·

SEITEN 83 - 85
Wortschatz: Diverses
A. 1 **B** 2 **D** 3 **C** 4 **D** 5 **B** 6 **C** 7 **A** 8 **C**
B. 1 **B** 2 **C** 3 **B** 4 **A** 5 **B**

· ·

SEITEN 85 - 86
Konjugation der Verben **unhunn/undoen/ausdoen**
A. 1 **C** 2 **A** 3 **B** 4 **A** 5 **B** 6 **A** 7 **A** 8 **A**
B. 1 **A** 2 **A** 3 **B** 4 **A** 5 **B** 6 **A**

· ·

SEITEN 86 - 88
Komparativ (Vergleichsform)
A. 1 **A** 2 **A** 3 **B** 4 **A** 5 **B** 6 **A** 7 **B** 8 **A**
B. 1 **B** 2 **C** 3 **A** 4 **A** 5 **C**

Sie haben zwischen 0 und 22 Punkte? Wiederholen Sie noch einmal die Aufgaben, in denen Sie Fehler gemacht haben, und schauen Sie sich die entsprechenden Stellen erneut an.

Sie haben zwischen 23 und 45 Punkte? Das könnte ein wenig besser sein. Aber nicht verzagen!

Sie haben zwischen 46 und 66 Punkte? Großartig! Analysieren Sie Ihre Fehler, und wiederholen Sie nötigenfalls die Themen, die Sie noch nicht ganz beherrschen.

Sie haben 67 Punkte oder mehr? Dir sidd wierklech tipptopp!

Fokus Verben *uruffen* und *zeréckruffen*

Lösung
Seite 102

A. Ergänzen Sie die passende Konjugationsform des Verbs.

1. Ech _____ dir muer zeréck.

   A ruffen   **B** riffen   **C** rufen   **D** ruff

2. Du _____ mir ni un.

   A ruufs   **B** riffs   **C** ruffs   **D** rufes

3. _____ den Dokter lech zeréck?

   A Rufft   **B** Rifft   **C** Rufet   **D** Reeft

4. Mir _____ all Dag eis Elteren un.

   A rufft   **B** ruffen   **C** rufen   **D** ruff

5. _____ Dir zeréck oder ass et gutt?

   A Rifft   **B** Ruuft   **C** Rufft   **D** Ruffet

6. Déi Firma _____ ëmmer owes un.

   A rufft   **B** reeft   **C** rifft   **D** rouft

7. D'Kanner _____ hiren Elteren aus der Vakanz un.

   A ruffen   **B** riffen   **C** ruufen   **D** rufften

8. Den Här Weber _____ senger Fra dräimol den Dag un.

   A rufft   **B** rifft   **C** rifet   **D** ruuft

Merke **uruffen** und **zeréckruffen** sind trennbare Verben. In einem Hauptsatz stehen die Partikeln **un-** und **zeréck-** am Satzende. Diesen Verben kann ein Akkusativ oder ein Dativ folgen, ohne dass sich die Bedeutung hierdurch ändert.

Fokus Verb *loossen* (oder *hannerloossen*)

A. Ergänzen Sie die passende Konjugationsform des Verbs.

1. Ech _____ e Message um Repondeur.

   A looss   **B** loossen   **C** léissen

2. _____ du him kee Message?

  A Looss   **B** Loosst   **C** Léiss

3. Mäi Frënd _____ mir ni eng Noriicht.

  A loosst   **B** léisst   **C** looss

4. Mir _____ e Message fir de Client.

  A losen   **B** léisen   **C** loossen

5. _____ Dir keng Noriicht fir Är Elteren?

  A Hannerlooss   **B** Hannerloosst   **C** Hannerléisst

6. D'Leit _____ net gär e Message op der Mailbox.

  A hannerloossen   **B** hannerlooss   **C** hannerléissen

Merke Für *„eine Nachricht hinterlassen"* kann man **e Message loossen** ebenso wie **e Message hannerloossen** sagen.

Fokus **Imperativ Singular**

Lösung Seite 102

A. Ergänzen Sie die passende Konjugationsform des Verbs im Imperativ Singular.

1. _____ méi spéit nach eng Kéier un!

  A Ruffs   **B** Riff   **C** Ruff

2. _____ um Apparat, de Paul kënnt direkt.

  A Bleiw   **B** Bleif   **C** Bleiwen

3. _____ gedëlleg, d'Lena rifft zeréck.

  A Bass   **B** Sief   **C** Siss

4. _____ op däin Handy, et ass deng Mamm!

  A Géi   **B** Go   **C** Gees

5. _____ mir däin Handy, ech muss telefonéieren!

  A Gëss   **B** Geess   **C** Gëff

6. _____ e Message op d'Mailbox!

A Schwätzen   B Schwätzt   C Schwätz

7. _____ däin Handy un, de Chef rifft un.

A Méch   B Maach   C Maachs

8. _____ op mat telefonéieren a schaff!

A Haals   B Huel   C Hal

Fokus Imperativ Plural

Lösung Seite 102

A. Ergänzen Sie die passende Konjugationsform des Verbs im Imperativ Plural.

1. _____ méi spéit nach eng Kéier un!

A Rufft   B Rifft   C Ruff

2. _____ um Apparat, de Paul kënnt direkt.

A Bleiwt   B Bleif   C Bleift

3. _____ gedëlleg, d'Lena rifft zeréck.

A Sidd   B Sief   C Sitt

4. _____ op Ären Handy, et ass de Chef!

A Géit   B Got   C Gitt

5. _____ mir Ären Handy, ech muss telefonéieren!

A Gëfft   B Geet   C Gitt

6. _____ e Message op d'Mailbox!

A Schwätzen   B Schwätzt   C Schwätz

7. _____ Ären Handy un, de Chef rifft un.

A Mécht   B Maacht   C Maach

8. _____ op mat telefonéieren a schafft!

A Haalt   B Huelt   C Halt

> **Merke** Die regelmäßige Imperativform im Singular ist der Verbstamm ohne Endung und Personalpronomen. Der Imperativ Plural ist das Verb in der 2. Person Plural ohne Personalpronomen. Dennoch gibt es im Singular einige Ausnahmen, die man auswendig lernen sollte.

Fokus **Wortschatz und Wendungen rund ums Telefonieren**

Lösung Seite 102

A. Ergänzen Sie das passende Wort.

1. Ech loossen e Message um _____.
   - **A** Mailbox
   - **B** Repondeur
   - **C** Computer

2. Ech loosse kee Message, ech _____.
   - **A** hänken an
   - **B** hänken op
   - **C** hänken

3. _____ wannechegelift um Apparat!
   - **A** Gitt
   - **B** Bleift
   - **C** Sidd

4. _____ wannechgelift ee Moment Gedold!
   - **A** Hutt
   - **B** Gitt
   - **C** Bleift

5. Ech hu keen _____, ech sichen d'Nummer um Internet.
   - **A** Agenda
   - **B** Telefonsbuch
   - **C** Repondeur

6. Den Här Probst ass am Moment net ze _____.
   - **A** gesinn
   - **B** erreechen
   - **C** ruffen

7. Et ass _____, ech probéieren herno nach eng Kéier.
   - **A** beschäftegt
   - **B** voll
   - **C** besat

8. Ee Moment Gedold, Äert Gespréich gëtt _____.
   - **A** gehalen
   - **B** enregistréiert
   - **C** gelooss

B. Welcher Satz entspricht dem angegebenen Kontext?

1. Eng Excuse

   Ⓐ Et deet mir leed, ech hu mech geiert.

   Ⓑ Et ass besat.

   Ⓒ Hatt ass net do.

Lösung
Seite 102

2. Eng Informatioun

   Ⓐ Rufft méi spéit zeréck.

   Ⓑ Äert Gespréich gëtt gehalen.

   Ⓒ Den Här Maier ass haut net am Büro.

3. En Uerder/eng Opfuerderung

   Ⓐ Eis Leitunge sinn all besat.

   Ⓑ Hannerloosst wgl. e Message.

   Ⓒ Ech héieren Iech schlecht.

4. Eng Fro vun der Persoun, déi urifft.

   Ⓐ Wëllt Dir e Message hannerloossen?

   Ⓑ Kann ech e Message hannerloossen?

   Ⓒ Rufft Dir méi spéit zeréck?

5. E Saz vum Standardist

   Ⓐ Ech géif gär e Message hannerloossen.

   Ⓑ Ech géif gär mam Här Jacobs schwätzen.

   Ⓒ Ee Moment, ech verbannen Iech.

C. Was drückt der angegebene Satz aus?

1. Bonjour, hei ass d'Sekretariat vun der Firma Boll.

   Ⓐ sech entschëllegen

   Ⓑ sech virstellen

   Ⓒ eppes froen

2. D'Madame Scholtes schafft net méi hei.

    Ⓐ informéieren

    Ⓑ reklaméieren

    Ⓒ froen

Lösung
Seite 102

3. Salut Marie, ech sinn et.

    Ⓐ eppes froen

    Ⓑ sech mellen

    Ⓒ informéieren

4. Hutt wgl. ee Moment Gedold!

    Ⓐ froen, fir ze waarden

    Ⓑ froen, fir zeréckzeruffen

    Ⓒ froen, fir e Message ze loossen

5. Ech wënschen Iech e schéinen Dag.

    Ⓐ engem Moie soen

    Ⓑ engem Äddi soen

    Ⓒ engem Merci soen

D. Wer spricht? Ein Anrufbeantworter (Maschinn) oder ein Mensch?

1. Firma Bremer, gudde Moien!

    Ⓐ Maschinn   Ⓑ Mënsch

2. All eis Leitunge si besat.

    Ⓐ Maschinn   Ⓑ Mënsch

3. Schwätzt nom Bip.

    Ⓐ Maschinn   Ⓑ Mënsch

4. Kënnt Dir muer nach eng Kéier uruffen?

    Ⓐ Maschinn   Ⓑ Mënsch

5. Hei ass de Repondeur vun der Famill Schmit.

   (A) Maschinn   (B) Mënsch

6. Salut, hei ass dem Marc seng Frëndin. Ass hien do?

   (A) Maschinn   (B) Mënsch

7. Hannerloosst wgl. kee Message.

   (A) Maschinn   (B) Mënsch

8. Den Här Weyer ass de Mëtteg um Handy ze erreechen.

   (A) Maschinn   (B) Mënsch

Fokus   **Anliegen am Telefon ausdrücken**

Lösung
Seite 102

A. Welche der Mitteilungen oder Fragen passt zum angegebenen Kontext oder Ort?

1. Am Restaurant

   (A) Ech géif gär en Dësch fir véier Leit reservéieren.

   (C) Et geet ëm eise Rendez-vous muer den Owend.

   (B) Ech hätt gär e Rendez-vous mam Här Diederich.

   (D) Ech géif gär mam Här Winandy schwätzen.

2. An der Crèche

   (A) Ech ruffen u wéinst menge Resultater.

   (C) D'Marie kann haut net kommen, hatt ass krank.

   (B) Wéini maacht Dir haut op?

   (D) Et geet ëm de Rendez-vous fir de Scanner.

3. Um Büro

   (A) Ech hunn eng Reservatioun fir iwwermuer.

   (C) Kéint d'Mme Schuh mech zeréckruffen?

   (B) Kéint ech Renseignementer kréien?

   (D) Wéini maacht Dir haut zou?

4. Beim Dokter

A Ech ruffen u wéinst de Resultater.

C Wéini kënne mir d'Haus kucke kommen?

B Ech sinn un der Plaz interesséiert.

D Mir kommen zu véier.

B. An welchem Ort werden die Aussagen gemacht?

Lösung Seite 102

1. Et deet mer leed, ech kann haut net kommen.

A Am Yogacours

B Am Restaurant

C Am Theater

2. Kéint Dir mir nach e Stadplang schécken? Meng Adress ass...

A Beim Dokter

B Um Touristebüro

C Um Büro

3. Kanns du mir zeréckruffen? Et ass dréngend!

A Bei engem Frënd

B Am Spidol

C An der Crèche

4. Äre Rendez-vous vun haut ass leider annuléiert.

A Bei der Famill

B Am Hotel

C Bei engem Client

5. Et ass fir e Renseignement, kéint Dir mir zeréckruffen, meng Nummer ass...

A Op der Post

B Op der Gemeng

C An der Sproocheschoul

Modul 10
WORTSCHATZ

uruffen	*anrufen*
telefonéieren	*telefonieren*
zeréckruffen	*zurückrufen*
anhänken	*auflegen (Telefonhörer)*
loossen/hannerloossen	*hinterlassen (Nachricht)*
ginn	*geben*
goen	*gehen*
erreechen	*erreichen*
halen	*anhalten, behalten*
ophalen	*aufhören, enden*
bleiwen	*bleiben*
sech entschëllegen	*sich entschuldigen*
sech virstellen	*sich vorstellen*
informéieren	*informieren*
verbannen	*verbinden (am Telefon)*
sech mellen	*sich melden*
waarden	*warten*
sech gedëllegen	*sich gedulden*
sech iren	*sich irren*

Mailbox, Mailboxen, f.	*Mailbox, elektronischer Briefkasten*
Repondeur, Repondeuren, m.	*Anrufbeantworter*
Computer, Computeren, m.	*Computer*
Gedold, f.	*Geduld*

Gespréich, Gespréicher, n.	*Gespräch*
Handy, Handyen, m.	*Mobiltelefon*
Message, Messagen, m.	*Mitteilung*
Noriicht, Noriichten, m.	*Nachricht*
Leitung, Leitungen, f.	*Leitung*
Mënsch, Mënschen, m.	*Mensch*
Maschinn, Maschinnen, f.	*Maschine, Gerät, Apparat*
Telefonsbuch, Telefonsbicher, n.	*Telefonbuch*

Adjektive

besat	*besetzt*
beschäftegt	*beschäftigt*
dréngend	*dringend*
gedëlleg	*geduldig*

Wendungen/Wichtige Ausdrücke

Äert Gespréich gëtt gehalen.	*Ihr Anruf wird gehalten.*
Hutt ee Moment Gedold.	*Haben Sie bitte einen Moment Geduld.*
All eis Leitunge si besat.	*Alle Leitungen sind belegt.*
Loosst e Message.	*Hinterlassen Sie bitte eine Nachricht.*
herno, duerno	*später, nachher*
méi spéit	*später*
nach eng Kéier	*noch einmal*

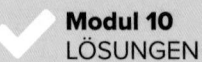

Modul 10
LÖSUNGEN

Grundlagen

IHR PUNKTE-STAND:

SEITEN 92
Verben **uruffen** und **zeréckruffen**
A. 1 **A** 2 **B** 3 **B** 4 **B** 5 **C** 6 **C** 7 **A** 8 **B**

. . . .

SEITEN 92 - 93
Verb **loossen** (oder **hannerloossen**)
A. 1 **B** 2 **C** 3 **B** 4 **C** 5 **B** 6 **A**

. . . .

SEITEN 93 - 94
Imperativ Singular
A. 1 **C** 2 **B** 3 **B** 4 **A** 5 **C** 6 **C** 7 **B** 8 **C**

. . . .

SEITEN 94 - 95
Imperativ Plural
A. 1 **A** 2 **C** 3 **A** 4 **C** 5 **C** 6 **B** 7 **B** 8 **A**

. . . .

SEITEN 95 - 98
Wortschatz und Wendungen rund ums Telefonieren
A. 1 **B** 2 **A** 3 **B** 4 **A** 5 **B** 6 **B** 7 **C** 8 **A**
B. 1 **A** 2 **C** 3 **B** 4 **B** 5 **C**
C. 1 **B** 2 **A** 3 **B** 4 **A** 5 **B**
D. 1 **B** 2 **A** 3 **A** 4 **B** 5 **A** 6 **B** 7 **A** 8 **B**

. . . .

SEITEN 98 - 99
Anliegen am Telefon ausdrücken
A. 1 **A** 2 **C** 3 **C** 4 **A**
B. 1 **A** 2 **B** 3 **A** 4 **C** 5 **C**

Sie haben zwischen 0 und 20 Punkte? Wiederholen Sie noch einmal die Aufgaben, in denen Sie Fehler gemacht haben, und schauen Sie sich die entsprechenden Stellen erneut an.

Sie haben zwischen 21 und 41 Punkte? Das könnte ein wenig besser sein. Aber nicht verzagen!

Sie haben zwischen 42 und 60 Punkte? Großartig! Analysieren Sie Ihre Fehler, und wiederholen Sie nötigenfalls die Themen, die Sie noch nicht ganz beherrschen.

Sie haben 61 Punkte oder mehr? Dir sidd wierklech tipptopp!

Fokus **Terminvereinbarungen**

Lösung
Seite 111

A. Ergänzen Sie das passende Verb.

1. Ech muss mäi Rendez-vous op e Méindeg _____.

   A annuléieren   **B** verleeën   **C** ofsoen

2. Ech ka muer net kommen. Ech muss mäi Rendez-vous _____.

   A ofmaachen   **B** versetzen   **C** ofsoen

3. Bonjour, ech géif gär e Rendez-vous mat der Madame Chaves _____.

   A hunn   **B** ofmaachen   **C** ofleeën

4. Kënne mir eise Rendez-vous vun e Mëttwoch op e Freideg _____?

   A ofsoen   **B** ofmaachen   **C** verréckelen

5. Et deet mer leed, mee Dir kënnt dee Rendez-vous net _____, et ass ze spéit.

   A ofmaachen   **B** annuléieren   **C** kréien

B. Welcher Satzabschluss passt nicht?

1. Ech hätt gär e Rendez-vous fir _____.

   A eng Kontroll beim Dokter

   B muer de Moien

   C ze verleeën

2. Kéint ech mäi Rendez-vous _____?

   A mam Här Keller verleeën

   B vum Freideg annuléieren

   C fir d'nächst Woch hunn

3. Ass d'nächst Woch _____?

   A moies méiglech

   B de Rendez-vous ze hunn

   C nach eppes fräi

4. Et ass fir mäi Rendez-vous _____.

   A d'nächst Woch ze ginn

   B beim Dokter Glesener ofzesoen

   C op e Freideg ze verleeën

5. Ech bräicht dréngend e Rendez-vous _____.

   A fir eng Kontroll

   B mam Personalchef

   C fir ofzesoen

C. Welche Antwort passt zu der gestellten Frage?

Lösung Seite 111

1. Wéini kënnt Dir kommen?

   A Vu moies bis owes.

   B Bei den Dokter.

   C Nëmme moies.

2. Geet et lech och nomëttes?

   A Moies schaffen ech.

   B Nee, just moies.

   C Ech schaffe mëttwochs net.

3. Mat wiem hat Dir e Rendez-vous?

   A Mam Här Klein.

   B Um dräi Auer.

   C Iwwert Internet.

4. Op wéini wëllt Dir de Rendez-vous verleeën?

   A Op gëschter Moien.

   B Op nächste Méindeg.

   C Op meng Vakanz.

5. Ass et dréngend?

A Nee, ech hunn immens wéi.

B Nee, et ass fir d'éisch.

C Nee, et ass fir eng Kontroll.

Merke Bei dieser Art von Unterhaltungen benutzt man häufig den Konditional, damit die Aussage höflicher klingt: **Ech bräicht** „Ich bräuchte" (brauchen), **Ech hätt gär** „Ich hätte gerne" (hunn), **Kéint ech … ?** „Könnte ich … ?" (kënnen), **Ech géif gär** „Ich würde gerne …" (ginn „werden", Hilfsverb für den Konditional + Verb).

Fokus Vorschläge

A. Ergänzen Sie die passenden Wörter.

1. Hues du _____, mat an de Kino ze goen?

A Suen   **B** Loscht   **C** Vakanz

2. _____ mir muer an den Theater goen?

A Solle   **B** Däerfe   **C** Kënne

3. Wat soll ech op d'Party _____?

A matgoen   **B** mathuelen   **C** undoen

4. Mir mussen e Kaddo maachen. _____ engem Kaddosbong?

A Wéi wier et mat   **B** Wéi fënns du   **C** Wat kascht

5. D'Lisa huet Gebuertsdag. Mir _____ him e Kaddosbong schenken.

A sollten   **B** kéinten   **C** missten

B. Welche Frage könnte logischerweise auf die Antwort folgen?

Lösung
Seite 111

1. Mir ginn an de Kino.

A Gees du mat?

B Wat fir e Film ass gutt?

C Kenns du e gudde Film?

2. De Jos huet an engem Mount Gebuertsdag.

    A Hie kritt 40 Joer?

    B Solle mir eng Party maachen?

    C Soll hien eng Party maachen?

3. Mir ginn den Owend an de Restaurant.

    A Hues du Loscht, matzegoen?

    B Reservéiers du och en Dësch?

    C Wat wëlls du iessen?

4. Ech fueren de Mëtteg an d'Stad.

    A Fiers du mat?

    B Hëls du de Bus?

    C Wat méchs du?

5. Ech maache mir e Kaffi.

    A Drénks du de Kaffi schwaarz?

    B Wëlls du och een?

    C Wou ass den Zocker?

C. Welche Antwort (positiv oder negativ) passt zu der gestellten Frage?

Lösung
Seite 111

1. Solle mir de Weekend an de Musée goen?

    A Jo, dat ass eng super Iddi.

    B Nee, Dir sollt dat net maachen.

    C Jo, mir sollen.

2. Soll de Pit dech siche kommen?

    A Jo, ech fuere mam Bus.

    B Nee, ech fuere mam Bus.

    C Nee, hie sicht mech net.

3. Soll ech dech mam Auto mathuelen?

   A Dat wär léif.

   B Ech fuere mam Auto.

   C Ech fueren heem.

4. Solle mir en Dessert matbréngen?

   A Jo, ech hunn en Dessert kaaft.

   B Nee Merci, ech hunn alles.

   C Nee Merci, dat ass net gutt.

5. Soll d'Carole lech heemféieren?

   A Jo, hatt fiert elo heem.

   B Nee Merci, ech kann net fueren.

   C Nee Merci, ech huelen en Taxi.

Fokus   **Eine Einladung annehmen oder ablehnen**

*Lösung
Seite 111*

A. Ergänzen Sie die fehlenden Wörter.

1. Ech ka _____ net matkommen.

   A leider   **B** gëschter   **C** ni

2. Et deet mir _____, mee ech hu keng Zäit.

   A wéi   **B** leed   **C** gutt

3. Et ass _____, mee ech kann net matgoen.

   A wierklech   **B** schued   **C** elo

4. Merci fir d'Invitatioun, ech komme _____.

   A guer net   **B** mat Zäit   **C** ganz gär

5. Dat ass bestëmmt e super Concert. Merci fir _____.

   A d'Aluedung   **B** den Ticket   **C** d'Party

Lösung
Seite 111

B. Ergänzen Sie das passende Pronomen.

1. Ech ginn op dem Lea seng Party. Hatt huet _____ invitéiert.

   A mir   **B** mech   **C** ech   **D** sech

2. De Leo geet och mat. D'Lisa huet _____ och invitéiert.

   A hien   **B** si   **C** him   **D** sech

3. Kënns du och? Huet hatt _____ net invitéiert?

   A dech   **B** dir   **C** sech   **D** iech

4. Mir bleiwen doheem. Hatt huet _____ net invitéiert.

   A mir   **B** eis   **C** mech   **D** sech

5. Christophe an Alex, huet hatt _____ och invitéiert?

   A iech   **B** sech   **C** si   **D** hinnen

*C. Wird der Vorschlag bzw. die Einladung angenommen (**unhuelen**) oder abgelehnt (**refuséieren**)?*

1. Ech géif gär matgoen, mee ech hu keng Zäit.

   A unhuelen   **B** refuséieren

2. Dat ass eng super Iddi, wéini gi mir?

   A unhuelen   **B** refuséieren

3. Villmools Merci, ech freeë mech immens.

   A unhuelen   **B** refuséieren

4. Et deet mir leed, mee ech hunn deen Dag schonn eppes.

   A unhuelen   **B** refuséieren

5. Ech fannen dat immens léif, ech komme gär mat.

   A unhuelen   **B** refuséieren

D. Ergänzen Sie die korrekte Verbform im Konditional.

1. Ech (brauchen) e Rendez-vous beim Dokter.

   A bräichten   **B** bräicht   **C** brauchen   **D** brauch

2. (Hunn) Dir gär e Rendez-vous fir moies oder mëttes?

   A Hutt   **B** Hat   **C** Hätt   **D** Hättet

3. De Paul (ginn) och gär mat an de Kino goen.

   A géift   **B** gëtt   **C** géif   **D** géifen

4. (Kënnen) mir fir muer en Dësch reservéieren?

   A Kéinte   **B** Kënnte   **C** Kënne   **D** Kéint

5. (Ginn) Dir gär Äre Rendez-vous beim Coiffer ofsoen?

   A Géifen   **B** Gitt   **C** Géift   **D** Geet

Verben

huelen	*nehmen*
kréien	*erhalten*
ginn	*geben*
ofsoen	*absagen*
annuléieren	*annulieren*
verleeën	*verlegen (Termin)*
verréckelen	*verlegen (Termin)*
ofmaachen	*vereinbaren*
wéi hunn	*Schmerzen haben*
mathuelen	*mitnehmen*
matbréngen	*mitbringen*
matgoen	*mitgehen, begleiten*
matkommen	*mitkommen, begleiten*

Modul 11
WORTSCHATZ

siche kommen	*abholen kommen*
siche goen	*abholen gehen*
sichen	*suchen*
kafen	*kaufen*
kaaft	*gekauft (Partizip Perfekt)*
fannen (du fënns, hie fënnt)	*finden*
heemféieren	*nach Hause fahren*
invitéieren	*einladen*
alueden	*einladen*

Nomen

Rendez-vous, Rendez-vousen, m.	*Termin, Verabredung*
Kontroll, Kontrollen, f.	*Kontrolle*
Taxi, Taxien, m.	*Taxi*
Loscht, f.	*Lust*
Kaffi, Kaffien, m.	*Kaffee*
Zocker, m.	*Zucker*
Kaddo, Kaddoen, m.	*Geschenk*
Bong, Bongen, m.	*Gutschein*
Invitatioun, Invitatiounen, f.	*Einladung*
Aluedung, Aluedungen, f.	*Einladung*

Grundlagen

IHR PUNKTE-STAND:

SEITEN 103 - 105
Terminvereinbarungen
A. 1 **B** 2 **C** 3 **B** 4 **C** 5 **B**
B. 1 **C** 2 **C** 3 **B** 4 **A** 5 **C**
C. 1 **C** 2 **B** 3 **A** 4 **B** 5 **C**

. . . .

SEITEN 105 - 107
Vorschläge
A. 1 **B** 2 **A** 3 **B** 4 **A** 5 **B**
B. 1 **A** 2 **B** 3 **A** 4 **A** 5 **B**
C. 1 **A** 2 **B** 3 **A** 4 **B** 5 **C**

. . . .

SEITEN 107 - 109
Eine Einladung annehmen oder ablehnen
A. 1 **A** 2 **B** 3 **B** 4 **C** 5 **A**
B. 1 **B** 2 **A** 3 **A** 4 **B** 5 **A**
C. 1 **B** 2 **A** 3 **A** 4 **B** 5 **A**
D. 1 **B** 2 **C** 3 **C** 4 **A** 5 **C**

Sie haben zwischen 0 und 15 Punkte? Wiederholen Sie noch einmal die Aufgaben, in denen Sie Fehler gemacht haben, und schauen Sie sich die entsprechenden Stellen erneut an.

Sie haben zwischen 16 und 32 Punkte? Das könnte ein wenig besser sein. Aber nicht verzagen!

Sie haben zwischen 33 und 45 Punkte? Großartig! Analysieren Sie Ihre Fehler, und wiederholen Sie nötigenfalls die Themen, die Sie noch nicht ganz beherrschen.

Sie haben 46 Punkte oder mehr? Dir sidd wierklech tipptopp!

Modul 12
GRUNDLAGEN

Lösung
Seite 121

Fokus **Einige unregelmäßige Verben**

A. Ergänzen Sie die passende Konjugationsform des unregelmäßigen Verbs.

1. Moies _____ de Pierre de Bus.

   A huelt   **B** hëlt   **C** huelet   **D** hëltet

2. Mëttes _____ hien an der Kantin.

   A iessen   **B** iesst   **C** ësst   **D** iesset

3. Owes _____ hie seng Frënn.

   A gesitt   **B** gesinn   **C** geseet   **D** gesäit

4. Hie _____ säi Brout beim Bäcker.

   A kaaft   **B** kafft   **C** keeft   **D** kafet

5. Hie _____ vill Sport.

   A maacht   **B** mëscht   **C** mascht   **D** mécht

B. Ergänzen Sie das passende Verb.

1. Mir _____ immens gutt am Bett.

   A iessen   **B** schlofen   **C** froen   **D** schaffen

2. D'Anna _____ en Taxi fir heem.

   A fiert   **B** mécht   **C** hëlt   **D** keeft

3. _____ du deng Elteren all Woch?

   A Ëss   **B** Gees   **C** Gesäis   **D** Sees

4. Wat fir e Film _____ am Kino?

   A gesäit   **B** leeft   **C** gëtt   **D** mécht

5. _____ du d'Uebst am Supermarché oder um Maart?

   A Keefs   **B** Riffs   **C** Ëss   **D** Gëss

Fokus Reflexive (rückbezügliche) Verben

A. Ergänzen Sie das passende Reflexivpronomen.

1. De Marc raséiert _____ all Moien.
   - **A** sech
   - **B** hien
   - **C** him

2. Ech kucke _____ laang am Spigel.
   - **A** sech
   - **B** mech
   - **C** mir

3. Schminkt dir _____ all Dag?
   - **A** sech
   - **B** iech
   - **C** lech

4. Du wäschs _____ net dacks genuch.
   - **A** dir
   - **B** dech
   - **C** sech

5. D'Kanner langweilen _____ ouni d'Tëlee.
   - **A** hinnen
   - **B** sech
   - **C** si

Lösung Seite 121

B. Ergänzen Sie die passende Kombination von Personal- und Reflexivpronomen.

1. _____ entschëllegt _____ fir säi Retard.
   - **A** Hatt / sech
   - **B** Si / si
   - **C** Si / sech

2. _____ ameséieren _____ immens gutt op der Party.
   - **A** Ech / mir
   - **B** Mir / sech
   - **C** Mir / eis

3. Dot _____ gär schick un?
   - **A** Dir / sech
   - **B** Dir / lech
   - **C** Hien / sech

4. _____ tommele _____ net gär.
   - **A** Ech / mir
   - **B** Ech / mech
   - **C** Mir / eis

5. Sonndes schminke _____ ni.
   - **A** hatt / sech
   - **B** si / sech
   - **C** ech / mir

6. _____ këmmers _____ gär ëm d'Kanner.
   - **A** Du / dir
   - **B** Du / dech
   - **C** Du / iech

113

> **Merke** Reflexive Verben umfassen stets ein Reflexivpronomen. Beispiele: **sech këmmeren** („*sich kümmern*"), **sech tommelen** („*sich beeilen*").

Fokus **Trennbare Verben**

A. Ergänzen Sie die passende Partikel.

Lösung
Seite 121

1. Moies no der Dusch doe mir eis _____.

   Ⓐ un   Ⓑ aus   Ⓒ an

2. Et ass kal. Mir maachen d'Fënster _____.

   Ⓐ zou   Ⓑ un   Ⓒ op

3. Mir lauschtere gär Musek. Mir maachen de Radio _____.

   Ⓐ aus   Ⓑ an   Ⓒ un

4. Mir ginn aus dem Haus. Mir spären d'Dier _____.

   Ⓐ ab   Ⓑ op   Ⓒ zou

5. Et ass 7 Auer. Du muss elo _____ stoen.

   Ⓐ op   Ⓑ an   Ⓒ aus

6. Kommt séier. De Cours fänkt _____!

   Ⓐ an   Ⓑ un   Ⓒ op

7. Ech kommen no der Aarbecht direkt _____.

   Ⓐ fort   Ⓑ un   Ⓒ heem

8. Um wéi vill Auer fiert den Zuch _____?

   Ⓐ of   Ⓑ ewech   Ⓒ fort

> **Merke** Die Betonung liegt immer auf dem Präfix des trennbaren Verbs.

B. Welcher der Lösungssätze enthält die korrekte Konjugationsform des Verbs in Klammern im Präsens?

1. Ech däerf de Bus net (verpassen).

A Ech passen de Bus net ver.

B Ech net verpassen de Bus.

C Ech verpassen de Bus net.

2. Hie muss sech no der Dusch (ofdréchnen).

A Hien ofdréchent sech no der Dusch.

B Hien no der Dusch dréchent sech of.

C Hien dréchent sech no der Dusch of.

3. Firwat musst Dir lech (entschëllegen)?

A Firwat schëllegt Dir lech ent?

B Firwat entschëllegt Dir lech?

C Firwat entschëllegt lech Dir?

4. Gees du deng Eltere muer (besichen)?

A Sichs du deng Eltere muer be?

B Besichs du deng Eltere muer?

C Be du sichs deng Eltere muer?

5. Wéini gi mir (akafen)?

A Wéini kafe mir an?

B Wéini akafe mir?

C Wéini mir akafen?

6. Ech wëll mäin Auto elo (verkafen).

A Ech kafe mäin Auto elo ver.

B Ech elo verkafe mäin Auto.

C Ech verkafen elo mäin Auto.

Modul 12
GRUNDLAGEN

C. Ergänzen Sie das Verb, das zu der unterstrichenen Partikel passt.

Lösung Seite 121

1. Et ass waarm, mir _____ d'Fënster <u>op</u>.
   - **A** huelen
   - **B** maachen
   - **C** doen

2. Ech ginn op eng Party, wat soll ech <u>un</u> _____?
   - **A** doen
   - **B** zéien
   - **C** hunn

3. Wéi ass deng Telefonsnummer? Ech _____ dir herno <u>un</u>.
   - **A** ruffen
   - **B** schellen
   - **C** telefonéieren

4. Et ass 11 Auer, ech muss elo <u>heem</u> _____.
   - **A** sinn
   - **B** kommen
   - **C** fueren

5. Um wéi vill Auer _____ de Film <u>un</u>?
   - **A** fänkt
   - **B** ass
   - **C** mécht

6. Wéini _____ d'Butteker sonndes <u>op</u>? Um 9 Auer?
   - **A** doen
   - **B** maachen
   - **C** halen

7. Samschdes _____ ech meeschtens um 10 Auer <u>op</u>.
   - **A** dinn
   - **B** ginn
   - **C** stinn

8. Den 1. Januar _____ ech <u>op</u> ze fëmmen.
   - **A** ginn
   - **B** halen
   - **C** fänken

Merke Auf **ufänken** („*beginnen*") und **ophalen** („*aufhören*") folgt in der Regel ein durch **ze** eingeführter Infinitiv. Die trennbaren Partikeln **u(n)** und **op** werden also nicht ans Satzende gestellt, sondern stehen vor diesem Infinitiv. Beispiel: **Ech fänken un ze fëmmen. / Ech halen op ze fëmmen.**

Fokus Infinitivsatz mit *fir … ze …*

A. Ergänzen Sie den passenden Infinitivsatz.

1. Ech ruffen am Restaurant un, _____.
   - **A** fir ze reservéieren en Dësch
   - **B** fir ze en Dësch reservéieren
   - **C** fir en Dësch ze reservéieren

2. Mir huelen de Bus, _____.

   A fir schaffen ze fueren

   B fir ze fuere schaffen

   C fir fueren ze schaffen

Lösung
Seite 121

3. De Jacques rifft am Sekretariat un, _____.

   A fir säi Rendez-vous ze annuléieren

   B fir ze annuléiere säi Rendez-vous

   C fir ze säi Rendez-vous annuléieren

4. D'Jeanne kuckt sech am Spigel, _____.

   A fir ze schminken sech

   B fir sech ze schminken

   C fir ze sech schminken

5. Ech schreiwen den Numm op, _____.

   A fir net ze vergiessen en

   B fir en net ze vergiessen

   C fir ze net vergiessen en

B. Ergänzen Sie das passende Verb.

1. Mir wëllen eis an de Cours _____.

   A uschreiwen **B** aschreiwen **C** opschreiwen **D** umellen

2. D'nächst Woch fuere mir op Berlin, eis Frënn _____.

   A versichen **B** sichen **C** besichen **D** kucken

3. Passt op, dass Dir de Schlëssel net _____.

   A verléiert **B** verpasst **C** oppasst **D** vermësst

4. D'Wieder ass net schéin; mee _____ hëlleft näischt.

   A opreegen **B** zoureegen **C** ureegen **D** beweegen

5. Wéini _____ mir endlech d'Pizzaen?

  A opstelle   **B** stelle   **C** verstelle   **D** bestelle

C. Ergänzen Sie den passenden Infinitivsatz.

**Lösung
Seite 121**

1. Du gees op d'Gemeng, _____.

  A fir unzemellen dech

  B fir dech ze umellen

  C fir dech unzemellen

2. Mir ginn an d'Buedzëmmer, _____.

  A fir eis Kleeder unzedoen

  B fir unzedoen eis Kleeder

  C fir eis Kleeder ze undoen

3. Tommel dech, _____.

  A fir de Bus net verzepassen

  B fir net ze verpassen de Bus

  C fir de Bus net ze verpassen

4. Si ginn an de Supermarché, _____.

  A fir d'Woch anzekafen

  B fir fir d'Woch anzekafen

  C fir anzekafe fir d'Woch

5. De Claude leet den Handy ewech, _____.

  A fir besser opzepassen

  B fir ze oppasse besser

  C fir besser ze oppassen

Verben

froen	*fragen*
gesinn	*sehen*
huelen	*nehmen*
iessen	*essen*
kafen	*kaufen*
lafen	*laufen*
maachen	*machen*
ruffen	*rufen*
schlofen	*schlafen*
sech ameséieren	*sich amüsieren*
sech entschëllegen	*sich entschuldigen*
sech këmmeren (ëm)	*sich kümmern um*
sech langweilen	*sich langweilen*
sech ofdréchnen	*sich abtrocknen*
sech schminken	*sich schminken*
sech tommelen	*sich beeilen*
sech umellen	*sich anmelden*
sech undoen	*sich anziehen*
sech wäschen	*sich waschen*
akafen	*einkaufen*
ausmaachen	*ausmachen*
ewechleeën	*weglegen*
fortfueren	*wegfahren*
heemkommen	*zurückkehren*
ophalen	*aufhören*

opmaachen	*öffnen, aufmachen*
oppassen	*aufpassen*
opschreiwen	*notieren, aufschreiben*
opstoen	*aufstehen*
ufänken	*beginnen, anfangen*
umaachen	*anmachen*
uruffen	*anrufen, telefonieren*
zoumaachen	*schließen*
zouspären	*abschließen*
bestellen	*bestellen*
vergiessen	*vergessen*
vermëssen	*vermissen*
verpassen	*verpassen*

Nomen

Dusch, Duschen, f.	*Dusche*
Pizza, Pizzaen, f.	*Pizza*

Wendungen/Adverbien

genuch	*genug*
dacks	*oft*
herno	*anschließend, nachher*
meeschtens	*meistens*
endlech	*schließlich*

Grundlagen

IHR
PUNKTE-
STAND:

SEITE 112
Einige unregelmäßige Verben
A. 1 **B** 2 **C** 3 **D** 4 **C** 5 **D**
B. 1 **B** 2 **C** 3 **C** 4 **B** 5 **A**

. . . .

SEITEN 113
Reflexive (rückbezügliche) Verben
A. 1 **A** 2 **B** 3 **B** 4 **B** 5 **B**
B. 1 **A** 2 **C** 3 **B** 4 **B** 5 **B** 6 **B**

. . . .

SEITEN 114 - 116
Trennbare Verben
A. 1 **A** 2 **A** 3 **C** 4 **C** 5 **A** 6 **B** 7 **C** 8 **C**
B. 1 **C** 2 **C** 3 **B** 4 **B** 5 **A** 6 **C**
C. 1 **B** 2 **A** 3 **A** 4 **C** 5 **A** 6 **B** 7 **C** 8 **B**

. . . .

SEITEN 116 - 118
Infinitivsatz mit **fir ... ze ...**
A. 1 **C** 2 **A** 3 **A** 4 **B** 5 **B**
B. 1 **B** 2 **C** 3 **A** 4 **A** 5 **D**
C. 1 **C** 2 **A** 3 **C** 4 **B** 5 **A**

Sie haben zwischen 0 und 18 Punkte? Wiederholen Sie noch einmal die Aufgaben, in denen Sie
Fehler gemacht haben, und schauen Sie sich die entsprechenden Stellen erneut an.
Sie haben zwischen 19 und 37 Punkte? Das könnte ein wenig besser sein. Aber nicht verzagen!
Sie haben zwischen 38 und 53 Punkte? Großartig! Analysieren Sie Ihre Fehler, und wiederholen
Sie nötigenfalls die Themen, die Sie noch nicht ganz beherrschen.
Sie haben 54 Punkte oder mehr? Dir sidd wierklech tipptopp!

Lösung
Seite 130

Fokus **Wortschatz: Das Haus und seine Räume**

A. Ergänzen Sie die passenden Präpositionen und Artikel.

1. Mir iessen all Dag _____ Kichen.

   A am B an der C un der D um

2. Ass däi Vëlo _____ Garage?

   A op der B am C um D beim

3. Haut schlofen ech _____ Stuff.

   A am B um C bei der D an der

4. Firwat schléifs du net _____ Schlofzëmmer?

   A am B um C beim D un der

5. Mir hunn eng Bibliothéik _____ Späicher.

   A um B un der C an der D am

6. Hutt Dir vill Wäin _____ Keller?

   A um B am C beim D an der

B. Ergänzen Sie den Raum, zu dem die angegebene Aktivität am besten passt.

1. Mir iessen _____.

   A am Keller C am Iesszëmmer
   B am Buedzëmmer D an der Garage

2. Mir duschen _____.

   A am Buedzëmmer C am Keller
   B am Kannerzëmmer D an der Kichen

3. Mir schlofen _____.

   A an der Garage C am Keller
   B am Schlofzëmmer D an der Stuff

4. D'Wäschmaschinn steet _____.

A an der Wäschkichen **C** am Iesszëmmer

B an der Stuff **D** am Schlofzëmmer

5. Mir kucken d'Tëlee _____.

A um Späicher **C** an der Garage

B an der Stuff **D** op der Toilette

C. Beantworten Sie die Fragen.

Lösung
Seite 130

1. Wat ass keen Zëmmer am Haus?

A Keller **B** Späicher **C** Stack **D** Stuff

2. Wat ass net dobaussen?

A Terrass **B** Gaart **C** Balcon **D** Späicher

3. Wou schlofe mir normalerweis net?

A am Kannerzëmmer **C** an der Kichen

B um Gank **D** am Schlofzëmmer

4. Wou iesse mir normalerweis net?

A am Buedzëmmer **C** an der Stuff

B an der Kichen **D** am Iesszëmmer

5. Wat ass keng Partie vun engem Haus?

A Stack **B** Lift **C** Strooss **D** Gank

D. Ergänzen Sie den Begriff, der in Bezug auf ein Haus am besten passt.

1. Ech wunnen um éischte _____.

A Gank **B** Stack **C** Zëmmer

2. Ech huelen ni _____, ech ginn ëmmer zu Fouss.

A d'Trap **B** den Tram **C** de Lift

3. Wéi vill _____ bezuelt Dir all Mount?

A Loun   **B** Pai   **C** Loyer

4. Ech sinn de Proprietaire, ech _____ d'Appartement un de Locataire.

A lounen   **B** kafen   **C** verlounen

5. Ass dat mat oder ouni _____?

A d'Chargen   **B** d'Suen?   **C** de Loyer

E. Ergänzen Sie die passende Partikel oder das passende Adverb.

1. Mir iessen all Dag _____ an der Kichen.

A dobannen   **B** dobaussen   **C** eran   **D** eraus

2. De Späicher ass _____ am Haus.

A ënnen   **B** erof   **C** erop   **D** uewen

3. Ech muss nach _____ an de Keller goen.

A erop   **B** erof   **C** uewen   **D** ënnen

4. Komm _____, ech sinn um Späicher.

A erof   **B** erop   **C** eraus   **D** eran

5. Et ass kal, mir bleiwen _____.

A eran   **C** dobaussen
B dobannen   **D** hannen

6. D'Sonn schéngt, mir ginn _____.

A eran   **B** vir   **C** hannen   **D** eraus

F. Ergänzen Sie das passende Verb.

1. Ech si krank, ech _____ dobannen.

A ginn   **B** lafen   **C** bleiwen   **D** fueren

2. Et schellt, _____ séier erof, d'Dier opmaachen.

- (A) laf
- (B) bleif
- (C) kuck
- (D) spill

3. D'Wieder ass schéin, ech _____ gär dobaussen.

- (A) fuere
- (B) danze
- (C) si
- (D) komme

4. Et reent, d'Kanner _____ dobannen.

- (A) maachen
- (B) ginn
- (C) fueren
- (D) spillen

5. Mir mussen de Wäin erof an de Keller _____.

- (A) droen
- (B) goen
- (C) maachen
- (D) sinn

Merke Die Partikeln **eran**, **eraus**, **erop** und **erof** werden mit Verben der Bewegung benutzt. Die Adverbien **bannen**, **baussen**, **ënnen**, **uewen**, **hannen** und **vir** findet man mit statischen Verben, also Verben, die keine Bewegung ausdrücken, wie z. B. **bleiwen** oder **sinn**.

Fokus **Wortschatz: Wohnen**

A. Welcher Begriff passt nicht?

Lösung Seite 130

1. Mir wunnen an _____.

- (A) enger Villa
- (C) engem Reienhaus
- (B) engem Eefamilljenhaus
- (D) enger Haaptstrooss

2. D'Famill Frank sicht en Haus _____.

- (A) ouni Gaart
- (C) ouni Trapen
- (B) ouni Loyer
- (D) ouni Keller

3. Ech wunne ganz gär _____.

- (A) um Duerf
- (C) um Land
- (B) an der Stad
- (D) an enger Wunngemeinschaft

4. Eist Haus huet _____.

- (A) véier Stäck
- (C) eng Kichen
- (B) zwee Buedzëmmer
- (D) zwou Garagen

Lösung
Seite 130

5. Den Här Miller verlount _____.

A e Studio   C en Appartementshaus

B en Duplex   D eng 3-Zëmmer-Wunneng

Fokus **Interrogativpronomen (Fragepronomen)**

A. Ergänzen Sie das passende Fragepronomen.

1. _____ Haus sicht Dir?

A Wat   B Wat fir   C Wat fir en   D Wat fir eng

2. _____ Loyer wëllt Dir maximal bezuelen?

A Wat fir   B Wéi vill   C Wéi   D Wat

3. _____ soll d'Haus leien?

A Wou   B Wat   C Wuer   D Wat fir

4. _____ Zëmmer soll d'Haus hunn?

A Wéi vill   B Wat   C Wéi   D Wéi fir

5. _____ Kichen hätt Dir gär?

A Wéi   B Wéi eng   C Wat eng   D Wat

Merke Man kann „*welcher, -e, -es*" entweder mit **wéi en/wéi eng** oder mit **wat fir en/wat fir eng** + Nomen übersetzen.

Fokus **Negation (Verneinung)**

A. Ergänzen Sie die passende Verneinungspartikel.

1. D'Appartement huet e Balcon, mee _____ Terrass.

A net   B keng   C keen

2. Eist Haus läit eleng, mir hu _____ direkt Noperen.

A keen   B net   C keng

3. Mir wëllen _____ ze vill Chargë bezuelen.

   A net   **B** keen   **C** keng

4. Dat hei ass wierklech _____ rouege Wunnquartier.

   A kee   **B** net   **C** keng

5. Eise Bungalow huet _____ Trapen, dat ass immens praktesch.

   A keng   **B** keen   **C** net

Fokus **Haushaltstätigkeiten**

A. Ergänzen Sie das passende Verb.

Lösung
Seite 130

1. Fir meng Kleeder ze _____, bleiwen ech an der Stuff bei der Tëlee.

   A wäschen   **B** strecken   **C** spullen   **D** botzen

2. An eiser Wunngemeinschaft muss all Woch een aneren d'Buedzëmmer _____.

   A wäschen   **B** spullen   **C** botzen   **D** strecken

3. Mir kachen dacks zesummen, an duerno _____ mir och zesummen d'Geschir.

   A spulle   **B** staubsauge   **C** botze   **D** strecke

4. Sonndes mussen d'Kanner hiert Zëmmer _____.

   A raumen   **B** strecken   **C** wäschen   **D** spullen

5. Ech botzen net am Fong, ech _____ just d'Miwwelen e bëssen.

   A wäschen   **B** raumen   **C** stëbsen   **D** staubsaugen

Modul 13
WORTSCHATZ

Verben

lounen	*mieten*
verlounen	*vermieten*
schellen	*klingeln*
lafen (et leeft)	*laufen*
droen (et dréit)	*tragen*
leien (et läit)	*sich befinden, liegen*
raumen	*aufräumen*
botzen	*putzen*
wäschen	*waschen*
strecken	*bügeln*
stëbsen	*staubwischen*
spullen	*das Geschirr spülen*
staubsaugen	*staubsaugen*

Nomen

Keller, Keller, m.	*Keller*
Buedzëmmer, Buedzëmmer, n.	*Badezimmer*
Iesszëmmer, Iesszëmmer, n.	*Esszimmer*
Garage, Garagen, m. ou f.	*Garage*
Kannerzëmmer, Kannerzëmmer, n.	*Kinderzimmer*
Kichen, Kichen, f.	*Küche*
Schlofzëmmer, Schlofzëmmer, n.	*Schlafzimmer*
Schlofkummer, Schlofkummeren, f.	*Schlafzimmer*
Wäschkichen, Wäschkichen, f.	*Waschküche*
Stuff, Stuffen, f.	*Wohnzimmer*
Späicher, Späicheren, m.	*Speicher, Dachboden*
Toilette, Toiletten, f.	*Toilette*
Gank, Gäng, m.	*Gang, Flur*
Stack, Stäck, m.	*Etage, Stockwerk*
Gaart, Gäert, m.	*Garten*

Terrass, Terrassen, f.	*Terrasse*
Balcon, Balconen, m.	*Balkon*
Lift, Lifter, m.	*Fahrstuhl*
Strooss, Stroossen, f.	*Straße*
Trap, Trapen, f.	*Treppe*
Trapenhaus, Trapenhaiser, n.	*Treppenhaus*
Proprietaire, Proprietairen, m.	*Eigentümer*
Locataire, Locatairen, m.	*Mieter*
Loyer, Loyeren, m.	*Miete*
Chargen (Pl.)	*Nebenkosten*
Dier, Dieren, f.	*Tür*
Wunngemeinschaft, Wunngemeinschaften, f.	*Wohngemeinschaft*
Villa, Villaen, f.	*Villa*
Eefamilljenhaus, Eefamilljenhaiser, n.	*Einfamilienhaus*
Reienhaus, Reienhaiser, n.	*Reihenhaus*
Haaptstrooss, Haaptstroossen, f.	*Hauptstraße*
(Wunn)Quartier, Quartieren, m.	*(Wohn-)Viertel*

Adjektive/Adverbien

eleng	*alleine*
praktesch	*praktisch*
roueg	*ruhig*

Modul 13
LÖSUNGEN

Grundlagen

IHR PUNKTE-STAND:

SEITEN 122 - 125
Wortschatz: Das Haus und seine Räume
A. 1 B 2 B 3 D 4 A 5 A 6 B
B. 1 C 2 A 3 B 4 A 5 B
C. 1 C 2 D 3 B 4 A 5 C
D. 1 B 2 C 3 C 4 C 5 A
E. 1 A 2 D 3 B 4 B 5 B 6 D
F. 1 C 2 A 3 C 4 D 5 A

SEITEN 125 - 126
Wortschatz: Wohnen
A. 1 D 2 B 3 D 4 A 5 C

SEITE 126
Interrogativpronomen (Fragepronomen)
A. 1 C 2 B 3 A 4 A 5 B

SEITEN 126 - 127
Negation (Verneinung)
A. 1 B 2 C 3 A 4 A 5 A

SEITE 127
Haushaltstätigkeiten
A. 1 B 2 C 3 A 4 A 5 C

Sie haben zwischen 0 und 17 Punkte? Wiederholen Sie noch einmal die Aufgaben, in denen Sie Fehler gemacht haben, und schauen Sie sich die entsprechenden Stellen erneut an.

Sie haben zwischen 18 und 35 Punkte? Das könnte ein wenig besser sein. Aber nicht verzagen!

Sie haben zwischen 36 und 46 Punkte? Großartig! Analysieren Sie Ihre Fehler, und wiederholen Sie nötigenfalls die Themen, die Sie noch nicht ganz beherrschen.

Sie haben 47 Punkte oder mehr? Dir sidd wierklech tipptopp!

Fokus **Wortschatz: Einrichtungsgegenstände**

A. Ergänzen Sie das Möbelstück, das man für gewöhnlich in dem genannten Raum findet.

**Lösung
Seite 139**

1. An der Stuff ass normalerweis _____.
   - **A** kee Bett
   - **B** kee Stull
   - **C** keen Dësch
   - **D** kee Canapé

2. An der Kichen ass normalerweis_____.
   - **A** kee Canapé
   - **B** kee Regal
   - **C** keen Dësch
   - **D** kee Schaf

3. An der Schlofkummer ass normalerweis _____.
   - **A** kee Bett
   - **B** keng Kommoud
   - **C** kee Salonsdësch
   - **D** keen Nuetsdësch

4. Am Buedzëmmer ass normalerweis_____.
   - **A** keen Teppech
   - **B** keng Luucht
   - **C** keng Fotell
   - **D** keng Riddo

5. Am Gank ass normalerweis_____.
   - **A** kee Regal
   - **B** kee Schaf
   - **C** kee Spigel
   - **D** keen lessdësch

Fokus **Statische und dynamische Verben**

A. Ergänzen Sie das passende statische Verb.

1. De Stull _____ beim Dësch.
   - **A** steet
   - **B** hänkt
   - **C** läit
   - **D** sëtzt

2. D'Bild _____ un der Mauer.
   - **A** steet
   - **B** hänkt
   - **C** läit
   - **D** sëtzt

3. D'Decke _____ um Bett.
   - **A** steet
   - **B** hänkt
   - **C** läit
   - **D** sëtzt

4. D'Kand _____ um Stull.
   - **A** steet
   - **B** hänkt
   - **C** läit
   - **D** sëtzt

5. D'Vas _____ um Dësch.

   A steet   **B** hänkt   **C** läit   **D** sëtzt

B. Ergänzen Sie das passende dynamische Verb.

1. D'Madame Chaves _____ d'Couverten op den Dësch.

   A stellt   **B** leet   **C** setzt   **D** hänkt

2. Mir _____ de Mantel un d'Mantelbriet.

   A stellen   **B** leeën   **C** setzen   **D** hänken

3. D'Stella _____ d'Buch op den Nuetsdësch.

   A stellt   **B** leet   **C** setzt   **D** hänkt

4. D'Kanner _____ sech un den Dësch.

   A stellen   **B** leeën   **C** setzen   **D** hänken

5. Ech _____ d'Buch an d'Regal.

   A stellen   **B** leeën   **C** setzen   **D** hänken

C. Ergänzen Sie das passende statische oder dynamische Verb.

Lösung Seite 139

1. D'Kanner _____ um Dësch.

   A stellen   **B** stinn   **C** leien   **D** sëtzen

2. De Canapé _____ virun der Tëlee.

   A stellt   **B** steet   **C** setzt   **D** sëtzt

3. D'Riddo _____ virun der Fënster.

   A hänkt   **B** läit   **C** steet   **D** stellt

4. D'Vas _____ op der Kommoud.

   A stellt   **B** läit   **C** steet   **D** sëtzt

5. D'Bicher _____ ënnert dem Dësch.

   A leeën   **B** stellen   **C** hänken   **D** leien

> **Merke** Es ist wichtig, zwischen dynamischen und statischen Verben zu unterscheiden, denn die mit ihnen verwendeten Präpositionen benötigen jeweils ein anderes Genus. So verwendet man nach einer Präposition für eine Bewegung (dynamisch) den Akkusativ und für eine Position (statisch) den Dativ.

*D. Ergänzen Sie die korrekte Konjugationsform von **leeën** und **leien** im Präsens.*

Lösung
Seite 139

1. D'Hannah ass krank, hatt _____ am Bett.

   Ⓐ leit   Ⓑ leet   Ⓒ läit

2. _____ du deng Bicher op den Dësch?

   Ⓐ Lees   Ⓑ Leis   Ⓒ Läis

3. Ech _____ mech op de Canapé, fir d'Tëlee ze kucken.

   Ⓐ leie   Ⓑ leeë   Ⓒ läie

4. _____ du gär um Buedem?

   Ⓐ Lees   Ⓑ Läis   Ⓒ Lais

5. Den Etienne _____ säi Schlëssel ëmmer op d'Kommoud.

   Ⓐ läit   Ⓑ leet   Ⓒ leit

Fokus **Ortspräpositionen und gemischte Präpositionen**

A. Ergänzen Sie die passende Präposition. Es sind mehrere Antworten möglich!

1. D'Regal steet _____ der Mauer.

   Ⓐ un   Ⓑ widdert   Ⓒ bei   Ⓓ op

2. D'Zeitunge leien _____ dem Dësch.

   Ⓐ op   Ⓑ an   Ⓒ iwwert   Ⓓ ënnert

3. D'Still sti(nn) _____ dem Dësch.

   Ⓐ nieft   Ⓑ an   Ⓒ tëschent   Ⓓ bei

4. D'Luucht steet _____ dem Eck.

   Ⓐ op   Ⓑ bei   Ⓒ an   Ⓓ ënnert

Lösung
Seite 139

5. De Lüster hänkt _____ der Fotell.

A nieft   **B** an   **C** iwwert   **D** op

6. D'Kachmaschinn steet _____ dem Frigo.

A bei   **B** nieft   **C** op   **D** an

7. Den Teppech läit _____ dem Salonsdësch.

A iwwert   **B** hannert   **C** ënnert   **D** op

8. D'Fotell steet _____ der Tëlee an der Fënster.

A un   **B** tëschent   **C** nieft   **D** op

B. Ergänzen Sie die passende Kombination (Präposition + Artikel) oder zusammen-gezogene Form (Präposition + Artikel). Es sind mehrere Antworten möglich!

1. De Krop hänkt _____ Dier.

A um   **B** un der   **C** op dem   **D** un dem

2. D'Luucht steet _____ Fënster.

A bei der   **B** beir   **C** beim   **D** bei dem

3. D'Kanner si(nn)_____ Dësch.

A beim   **B** am   **C** an dem   **D** bei dem

4. D'Kleeder hänken _____ Schaf.

A an der   **B** an dem   **C** am   **D** ar

5. Den Dësch steet _____ Teppech.

A um   **B** un dem   **C** op dem   **D** om

Merke Einige Präpositionen können mit gewissen bestimmten Artikeln im Dativ zusammen-gezogene Formen bilden: **an** + **dem** = **am**, **bei** + **dem** = **beim**, **op** + **dem** = **um**, **un** + **dem** = **um**, **virun** + **dem** = **virum**.

*C. Ergänzen Sie die passende Kombination (Präposition + Artikel) oder zusammen-
gezogene Form (Präposition + Artikel). Es sind mehrere Antworten möglich!*

1. Mir stellen den Désch _____ Eck.

   A un den   **B** an den   **C** am   **D** an dem

2. Firwat läis du de ganzen Dag _____ Canapé?

   A am   **B** um   **C** virum   **D** beim

3. Kanns du d'Blummen _____ Vas stellen?

   A an de   **B** an d'   **C** an   **D** am

4. Ech leeën déi al Saachen _____ Keller.

   A am   **B** an dem   **C** an d'   **D** an de

5. Meng Kleeder hänken _____ Mantelbriet.

   A um   **B** am   **C** op dem   **D** un dem

D. Welche Frage passt zu der angegebenen Antwort?

Lösung
Seite 139

1. Mir hänken d'Riddoe virun d'Fënster.

   A Wou hänke mir d'Fënster?

   B Wuer hänke mir d'Riddoen?

   C Wou hänken d'Riddoen?

2. D'Spullmaschinn steet nieft der Wäschmaschinn.

   A Wou steet d'Spullmaschinn?

   B Wuer steet Spullmaschinn?

   C Wou stelle mir d'Spullmaschinn?

3. De Philippe leet den Teppech an de Keller.

   A Wuer leet den Teppech?

   B Wou leet den Teppech?

   C Wuer leet de Philippe den Teppech?

4. Mir setzen eis op de gemittleche Canapé.

   A Wou sëtze mir?

   B Wou sëtzt Dir?

   C Wuer setzt Dir lech?

5. Den Alex stellt sech virun de Spigel.

   A Wou steet den Alex?

   B Wou stellt den Alex sech?

   C Wuer stellt den Alex sech?

Merke Verwechslen Sie nicht **wou?** (statisch) et **wuer?** (dynamisch).

E. Welche Antwort passt zu der gestellten Frage?
Es sind mehrere Antworten möglich!

Lösung
Seite 139

1. Wou hänkt d'Luucht?

   A Am Plafong.   **C** Un de Plafong.

   B Um Plafong.   **D** Widdert dem Plafong.

2. Wuer solle mir d'Bild hänken?

   A Am Eck.   **C** Un d'Mauer.

   B Widdert d'Mauer.   **D** Un der Mauer.

3. Wuer leet Dir den Handy?

   A Op den Dësch.   **C** Nieft der Zeitung.

   B A meng Posch.   **D** Un d'Mauer.

4. Wou steet de Frigo?

   A Am Keller.   **C** Am Eck.

   B An d'Kichen.   **D** Op den Eck.

5. Wou sëtzen d'Kanner?

   A Um Dësch.   **C** Beim Dësch.

   B Op den Dësch.   **D** Um Canapé.

Verben

hänken	*(auf)hängen*
sëtzen	*sitzen*
stoen	*stehen*
leien	*liegen*
setzen	*(hin)setzen*
stellen	*(hin)stellen*
leeën	*(hin)legen*

Nomen

Bett, Better, n.	*Bett*
Stull, Still, m.	*Stuhl*
Dësch, Dëscher, m.	*Tisch*
Canapé, Canapéen, m.	*Couch*
Regal, Regaler, n.	*Regal*
Schaf, Schief, m.	*Schrank*
Kommoud, Kommouden, f.	*Kommode*
Salonsdësch, Salonsdëscher, m.	*Wohnzimmertisch*
Nuetsdësch, Nuetsdëscher, m.	*Nachttisch*
Teppech, Teppecher, m.	*Teppich*
Luucht, Luuchten, f.	*Lampe*
Fotell, Fotellen, f.	*Sessel*
Riddo, Riddoen, f.	*Vorhang, Gardine*
Spigel, Spigelen, m.	*Spiegel*
Iessdësch, Iessdëscher, m.	*Esstisch*
Bild, Biller, n.	*Bild*
Decken, Decken, f.	*Decke*
Mauer, Maueren, f.	*Mauer*
Vas; Vasen, f.	*Vase*
Eck, Ecker, m.	*Ecke*
Lüster, Lüsteren, m.	*Deckenleuchte*

Frigo, Frigoen, m.	*Kühlschrank*
Kachmaschinn, Kachmaschinnen, f.	*Herd*
Spullmaschinn, Spullmaschinnen, f.	*Spülmaschine*
Krop, Kreep, m.	*Haken*
Mantelbriet, Mantelbrieder, n.	*Garderobe*
Buedem, Biedem, m.	*Fußboden*
Plaffong, Plaffongen, m.	*Zimmerdecke*

Präpositionen

an	*in*
op	*auf*
bei	*bei*
un	*an, bei, nahe*
nieft	*neben*
virun	*vor*
hannert	*hinter*
iwwert	*über*
ënnert	*unter*
tëschent	*zwischen*
widdert	*gegen*

Grundlagen

SEITE 131

Wortschatz: Einrichtungsgegenstände

A. 1 **A** 2 **A** 3 **C** 4 **C** 5 **D**

. . . .

SEITEN 131 - 133

Statische und dynamische Verben

A. 1 **A** 2 **B** 3 **C** 4 **D** 5 **A**
B. 1 **A** 2 **D** 3 **B** 4 **C** 5 **A**
C. 1 **D** 2 **B** 3 **A** 4 **C** 5 **D**
D. 1 **C** 2 **A** 3 **B** 4 **B** 5 **B**

. . . .

SEITEN 133 - 136

Ortspräpositionen und gemischte Präpositionen

A. 1 **A/B/C** 2 **A/D** 3 **A/D** 4 **C** 5 **A/C** 6 **A/B** 7 **C** 8 **B/C**
B. 1 **B** 2 **A** 3 **A/D** 4 **B/C** 5 **A/C**
C. 1 **B** 2 **B** 3 **B** 4 **D** 5 **A/D**
D. 1 **B** 2 **A** 3 **C** 4 **C** 5 **C**
E. 1 **B** 2 **C** 3 **A/B** 4 **A/C** 5 **A/C/D**

Sie haben zwischen 0 und 18 Punkte? Wiederholen Sie noch einmal die Aufgaben, in denen Sie Fehler gemacht haben, und schauen Sie sich die entsprechenden Stellen erneut an.

Sie haben zwischen 19 und 36 Punkte? Das könnte ein wenig besser sein. Aber nicht verzagen!

Sie haben zwischen 37 und 48 Punkte? Großartig! Analysieren Sie Ihre Fehler, und wiederholen Sie nötigenfalls die Themen, die Sie noch nicht ganz beherrschen.

Sie haben 49 Punkte oder mehr? Dir sidd wierklech tipptopp!

Modul 15
GRUNDLAGEN

| **Fokus** | **Präpositionen und Verben mit Dativ und Akkusativ** |

Lösung
Seite 149

A. Ergänzen Sie das passende Verb.

1. Bonjour, wéi kann ech lech _____?

   A soen   **B** froen   **C** hëllefen   **D** kréien

2. Ech wollt lech eppes _____.

   A ausfëllen   **B** umellen   **C** hëllefen   **D** froen

3. Wat kann ech fir lech _____?

   A ginn   **B** soen   **C** maachen   **D** hëllefen

4. Et ass fir e Renseignement ze _____.

   A hunn   **B** soen   **C** kréien   **D** maachen

5. Kéint Dir mir e Renseignement _____?

   A hunn   **B** ginn   **C** kréien   **D** soen

> **Merke** Bestimmte Verben (**kréien, maachen, hunn**...) werden mit dem Akkusativ gebildet, andere (**hëllefen, gefalen**...) mit dem Dativ. Oft können Verben zwei Ergänzungen haben, eine im Akkusativ und eine im Dativ (**ginn, soen, äntweren**...). Das Verb **froen** hat zwei Ergänzungen im Akkusativ.

B. Ergänzen Sie das in Klammern angegebene Pronomen im Dativ.

1. Kënnt Dir _____ (ech) hëllefen?

   A mech   **B** mir   **C** ech

2. Si ginn _____ (mir) e Renseignement.

   A mir   **B** eis   **C** mech

3. Wéi gefält et _____ (du) hei zu Lëtzebuerg?

   A dech   **B** dir   **C** du

4. Dir musst _____ (hien) Är Adress soen.

   A hien   **B** him   **C** hinnen

5. Mir mussen _____ (si, Pl.) muer äntweren.

   A si   **B** hir   **C** hinne

C. Ergänzen Sie das in Klammern angegebene Pronomen im Dativ.

1. Mir schwätze mat _____ (si, Sg.) um Telefon.

   A si   **B** hinnen   **C** hir

2. Mir plënnere wéinst _____ (hien) an d'Ausland.

   A him   **B** hir   **C** hinnen

3. Wat huet hien zu _____ (du) gesot?

   A dech   **B** iech   **C** dir

4. Mir hu laang vun _____ (hatt) geschwat.

   A him   **B** hatt   **C** hir

5. Ech kommen no _____ (Dir) un d'Rei.

   A dir   **B** Iech   **C** dech

Merke Bestimmte Präpositionen benötigen immer den Dativ (**aus**, **mat**, **no**, **zënter**, **vun**, **zu**, **wéinst**, **bannent**, **trotz**), andere immer den Akkusativ (**fir**, **duerch**, **ouni**, **géint**, **ëm**, **ronderëm**, **bis**, **laanscht**).

D. Ergänzen Sie den fehlenden Satzteil.

Lösung Seite 149

1. _____ war eng laang Schlaang am Guichet.

   A Wéinst enger Pann

   B Wéinst eng Pann

   C Wéinst engem Pann

2. Mir waarden elo schonn _____.

   A zënter eng Stonn

   B zënter ee Stonn

   C zënter enger Stonn

3. Ech géif gär _____ schwätzen!

   A mat e Responsabele

   B mat engem Responsabele

   C mat enger Responsabelem

Lösung Seite 149

4. Dir musst lech _____ umellen.

   A bannent enger Mount

   B bannent ee Mount

   C bannent engem Mount

5. D'Guichete maachen _____ um 2 Auer eröm op.

   A no d'Mëttespaus

   B no dem Mëttespaus

   C no der Mëttespaus

E. Ergänzen Sie die passende Präposition.

1. Mäi Mann ass net doheem, ech ginn haut _____ hien an de Kino.

   A mat   **B** trotz   **C** fir   **D** ouni

2. Mäi Jong ass krank, ech muss _____ him bei den Dokter goen.

   A duerch   **B** mat   **C** fir   **D** vun

3. Mäi Chef ass immens exigent, _____ him muss ech ëmmer lwwerstonne maachen.

   A vun   **B** ouni   **C** trotz   **D** wéinst

4. D'Clara huet Gebuertsdag, ech hunn e Kaddo _____ hatt.

   A vun   **B** wéinst   **C** fir   **D** duerch

5. Du bass esou egozentresch, et geet ëmmer alles _____ dech!

   A fir   **B** ëm   **C** mat   **D** wéinst

F. Setzen Sie die passende Akkusativ- oder Dativergänzung ein.
Es sind mehrere Antworten möglich!

Lösung
Seite 149

1. Et deet _____ leed, mee ech weess dat net.
   A mir   **B** mech   **C** dir   **D** lech

2. Wéi schmaacht _____ de Wäin?
   A dech   **B** dir   **C** lech   **D** si

3. Gefält de Film _____ gutt?
   A him   **B** dengem Mann   **C** deng Fra   **D** lech

4. Entschëlleg, kanns du _____ hëllefen?
   A mech   **B** hien   **C** him   **D** eis

5. Wat huet de Beamten _____ gefrot?
   A dech   **B** dir   **C** hie   **D** hinne

6. Huet hien _____ de Certificat ginn?
   A lech   **B** dech   **C** dir   **D** hinnen

7. Haut geet et _____ net immens gutt, et ass _____ schlecht.
   A mech/mech   **B** den Här Weber/hien   **C** eis/eis   **D** dem Katia/him

8. De Beamte ka(nn) _____ d'Prozedur erklären.
   A lech   **B** mech   **C** si   **D** hinnen

9. Kënnt Dir _____ en Handy recommandéieren?
   A mir   **B** eis   **C** si   **D** mech

10. Kënnt Dir _____ weisen, wéi dat geet?
    A mech   **B** him   **C** hinne   **D** hie

Modul 15
GRUNDLAGEN

Lösung
Seite 149

Fokus **Institutionen und Dokumente**

A. Welche Beschreibung passt nicht zu der angegebenen Institution?

1. Ech ginn op d'Gemeng, _____.

   A fir mech unzemellen

   B fir mäi Führerschäin ze verlängeren

   C fir eng Carte d'identité unzefroen

   D fir e Certificat de résidence ze kréien

2. Ech ginn op d'Bank, _____.

   A fir e Kont opzemaachen

   B fir Recyclingstuten ze kréien

   C fir Suen opzehiewen

   D fir eng Facture ze bezuelen

3. Ech ginn op d'Post, _____.

   A fir Timberen ze kafen

   B fir e Pak fortzeschécken

   C fir e Pass ze kréien

   D fir Suen ze iwwerweisen

4. Ech ruffen op der Gesondheetskeess un, _____.

   A fir e Renseignement ze kréien

   B fir e Krankeschäin ze kréien

   C fir eppes iwwert eng Prise en charge ze froen

   D fir e Remboursement ze reklaméieren

5. Ech gi bei den Internetprovider, _____.

   A fir mäi Kontrakt ze changéieren

   B fir Suen ze iwwerweisen

   C fir Renseignementer ze kréien

   D fir ze reklaméieren

B. Welche Frage/welches Anliegen passt nicht im Hinblick auf die genannte Institution?

Lösung
Seite 149

1. Op der Gemeng.

   A Ech hätt gär e Residenzschäin.

   B Ech géif gär mäin Hond umellen.

   C Ech bräicht en Internetuschloss.

2. Op der Bank.

   A Ech géif gär Suen op mäi Spuerkont iwwerweisen.

   B Ech bräicht eng Kopie vu mengem Gebuertsschäin.

   C Ech hätt gär eng zweet Kreditkaart.

3. Op der Post.

   A Muss ech dee Bréif recommandé schécken?

   B Ech kommen e Pak sichen.

   C Wou kréien ech hei Recyclingstuten?

4. Op der Gesondheetskeess.

   A Rembourséiert Dir d'Transportkäschte fir d'Ambulanz?

   B Ech brauch e Krankeschäin.

   C Ass mäi Fils och am Ausland assuréiert?

C. Ergänzen Sie den passenden Ausdruck.

1. Ech ginn op d'Gemeng, fir mech _____.

   A ze reklaméieren   **B** unzemellen   **C** ze froen

2. Op der Gemeng froen ech no _____.

   A engem Gebuertsschäin   **B** engem Krankeschäin   **C** engem Geldschäin

3. De Beamte freet, wéi hie mir ka(nn) _____.

   A umellen   **B** rembourséieren   **C** hëllefen

Lösung
Seite 149

4. Um Bancomat kann ech _____.

A keng Suen ophiewen   **B** keng Rechnunge bezuelen   **C** de Kontostand net kucken

5. Ech muss wichteg Dokumenter _____.

A iwwerschreiwen   **B** ënnerschreiwen   **C** ënnerschrëften

Verben

soen	*sagen*
froen	*fragen*
äntweren	*antworten*
hëllefen	*helfen*
erklären	*erklären*
weisen	*zeigen*
ginn	*geben*
gefalen	*gefallen*
schmaachen	*schmecken*
leeddoen	*leidtun*
waarden	*warten*
plënneren	*umziehen*
ufroen	*anfragen*
ophiewen	*(Geld) abheben*
iwwerweisen	*(Geld) überweisen*
ënnerschreiwen	*unterzeichnen*
reklaméieren	*sich beschweren*
verlängeren	*verlängern*
rembourséieren	*zurückerstatten*

Nomen

Gebuertsschäin, Gebuertsschäiner, m.	*Geburtsurkunde*
Führerschäin, Führerschäiner, m.	*Führerschein*
Ausland, n.	*Ausland*
Schlaang, Schlaangen, f.	*Warteschlange*
Guichet, Guicheten, m.	*Schalter*
Pann, Pannen, f.	*Störung*
Iwwerstonn, Iwwerstonnen, f.	*Überstunde*
Beamten, Beamten, m.	*Beamter*
Prozedur, Prozeduren, f.	*Prozedur*
Carte d'identité, Carte-d'identitéen, f.	*Personalausweis*
Recyclingstut, Recyclingstuten, f.	*Recycling-Tüte*
Kont, Konten, m.	*Konto*
Gesondheetskeess, f.	*Krankenkasse*
Krankeschäin, Krankeschäiner, m.	*Krankenschein*
Kontrakt, Kontrakter, m.	*Vertrag*
Transportkäschten, Pl.	*Transportkosten*
Ambulanz, Ambulanzen, f.	*Krankenwagen*
Geldschäin, Geldschäiner, m.	*Geldschein*
Kontostand, Kontostänn, m.	*Kontostand*

Feststehende Wendungen

et geet ëm (+ Akkusativergänzung)	*es geht um*
un d'Rei kommen	*an die Reihe kommen*
dat deet mir leed	*das tut mir leid*

Präpositionen

aus	*von*
mat	*mit*
no	*nach*
zënter	*seit*
vun	*von*
zu	*nach*
wéinst	*wegen*
bannent	*binnen, innerhalb*
trotz	*trotz*
fir	*für*
duerch	*durch*
ouni	*ohne*
géint	*gegen*
ëm	*um*
ronderëm	*rundherum*
bis	*bis*
laanscht	*entlang, längs*

Grundlagen

IHR
PUNKTE-
STAND:

Präpositionen und Verben mit Dativ und Akkusativ

A. 1 **C** 2 **D** 3 **C** 4 **C** 5 **B**

B. 1 **B** 2 **B** 3 **B** 4 **B** 5 **C**

C. 1 **C** 2 **A** 3 **C** 4 **A** 5 **B**

D. 1 **A** 2 **C** 3 **B** 4 **C** 5 **C**

E. 1 **D** 2 **B** 3 **D** 4 **C** 5 **B**

F. 1 **A** 2 **B/C** 3 **A/B/D** 4 **C/D** 5 **A/C** 6 **A/C/D** 7 **C/D** 8 **A/D** 9 **A/B**
10 **B/C**

. . . .

Institutionen und Dokumente

A. 1 **B** 2 **B** 3 **C** 4 **B** 5 **B**

B. 1 **C** 2 **B** 3 **C** 4 **B**

C. 1 **B** 2 **A** 3 **C** 4 **B** 5 **B**

Sie haben zwischen 0 und 15 Punkte? Wiederholen Sie noch einmal die Aufgaben, in denen Sie
Fehler gemacht haben, und schauen Sie sich die entsprechenden Stellen erneut an.

Sie haben zwischen 16 und 31 Punkte? Das könnte ein wenig besser sein. Aber nicht verzagen!

Sie haben zwischen 32 und 44 Punkte? Großartig! Analysieren Sie Ihre Fehler, und wiederholen
Sie nötigenfalls die Themen, die Sie noch nicht ganz beherrschen.

Sie haben 45 Punkte oder mehr? Dir sidd wierklech tipptopp!

Fokus Verben *ginn* und *goen*

Lösung
Seite 160

A. Welches der beiden Verben liegt im Satz in der konjugierten Form vor?

1. Ech ginn zu Fouss an d'Stad.
   - Ⓐ ginn
   - Ⓑ goen

2. Gitt Dir mat an de Kino?
   - Ⓐ ginn
   - Ⓑ goen

3. Wéi geet et lech?
   - Ⓐ ginn
   - Ⓑ goen

4. Gëss du midd vum Schaffen?
   - Ⓐ ginn
   - Ⓑ goen

5. Mir ginn all Dag méi gescheit.
   - Ⓐ ginn
   - Ⓑ goen

6. Du gees gär spadséieren.
   - Ⓐ ginn
   - Ⓑ goen

7. Samschdes gi mir dacks akafen.
   - Ⓐ ginn
   - Ⓑ goen

8. Gitt dir eens mat deem Apparat?
   - Ⓐ ginn
   - Ⓑ goen

Merke Im Indikativ Präsens gleichen sich die Konjugationsmuster der Verben *ginn* und *goen* sehr. Achten Sie darauf, die Formen nicht zu verwechseln.

Fokus Verb *ginn*

*A. Ergänzen Sie die Konjugationsformen des Verbs **ginn** im Präsens.*

1. Haut _____ d'Wieder gutt.
   - Ⓐ geet
   - Ⓑ gëtt
   - Ⓒ gitt

2. Muer _____ et kee Reen.

   A gëtt   **B** gëff   **C** geet

3. Wéini _____ du fäerdeg mat denger Aarbecht?

   A gees   **B** gess   **C** gëss

4. Wie _____ den Direkter vum neien Institut?

   A gitt   **B** gëtt   **C** gett

5. Wann ech näischt iessen, da _____ ech hongereg.

   A goen   **B** ginn   **C** gëff

6. Mir _____ déck vun de Fritten.

   A ginn   **B** gaan   **C** goen

7. Wéini _____ Dir Papp?

   A got   **B** gitt   **C** geet

8. Haut _____ d'Leit méi al wéi fréier.

   A ginn   **B** géin   **C** gonn

Merke **Ginn** im Sinne von „*werden*" kann als Futur des Verbs **sinn** betrachtet werden. Im Luxemburgischen gibt es keine echte Futurform. Man drückt die Zukunft oft mittels einer Zeitbestimmung des Futurs wie z. B. **muer** „*morgen*" oder **nächst Woch** „*nächste Woche*" aus. Wie im Deutschen benutzt man **ginn** „*werden*" + Adjektiv. Beispiele: **rout ginn** „*rot werden*", **färdeg ginn** „*fertig werden*", **déck ginn** „*dick werden*".

Fokus *Et ass/Et sinn/Et gëtt/Et ginn*

Lösung Seite 160

A. Ergänzen Sie die Sätze. In einigen Fällen sind beide Antworten möglich!

1. _____ vill Schnéi an den Alpen.

   A Et gëtt   **B** Et ginn

2. Am Wanter _____ dacks kal.

   A ass et   **B** gëtt et

**Lösung
Seite 160**

3. _____ vill Leit op der Stroos.

  A Et si   **B** Et ass

4. Zu Lëtzebuerg _____ kee Mier.

  A ass et   **B** gëtt et

5. Muer _____ vill Reen.

  A ass et   **B** gëtt et

6. _____ ganz waarm haut.

  A Et gëtt   **B** Et ass

7. Am Summer _____ vill Donnerwiederen.

  A sinn et   **B** ginn et

8. Wéini _____ endlech Summer?

  A gëtt et   **B** sinn et

Merke **Et gëtt/Et ginn** kann mit *„es gibt, es existiert, da ist"* übersetzt werden. **Et ass**: et entspricht unserem unpersönlichen *„es"*. Beispiel: **Et ass kal.** *„Es ist kalt."* Im Satz **Et si vill Leit op der Stroos** *„Es gibt/Da sind viele Leute auf der Straße"* ist **et** eine Art künstliches Subjekt, das am Satzanfang steht. Wendet man die Inversion an, entfällt **et** und es ergibt sich **Op der Strooss si vill Leit**.

Fokus **Jahreszeiten**

A. Ergänzen Sie die Jahreszeit, die am besten der Beschreibung entspricht.

1. Am _____ sinn d'Blieder orange, giel, brong a rout.

  A Hierscht   **B** Wanter   **C** Fréijoer   **D** Summer

2. Am _____ fänken d'Beem un, gréng ze ginn.

  A Hierscht   **B** Wanter   **C** Fréijoer   **D** Summer

3. Am _____ fält dacks Schnéi an et ass ganz kal.

  A Hierscht   **B** Wanter   **C** Fréijoer   **D** Summer

4. Am _____ ass déi grouss Vakanz.

- **A** Hierscht
- **B** Wanter
- **C** Fréijoer
- **D** Summer

5. Am _____ ass et dacks ganz waarm.

- **A** Hierscht
- **B** Wanter
- **C** Fréijoer
- **D** Summer

Fokus **Wortschatz: Wetter**

Lösung
Seite 160

A. Welcher der angegebenen Begriffe passt nicht?

1. Haut _____ de ganzen Dag.

- **A** reent et
- **B** schneit et
- **C** want et

2. D'Temperature _____ op 10 Grad.

- **A** fueren
- **B** falen
- **C** klammen

3. Dobaussen ass et _____.

- **A** kal
- **B** naass
- **C** staark

4. Am Summer ass et _____.

- **A** waarm
- **B** äiseg
- **C** schmeier

5. Den Himmel ass _____.

- **A** gliddeg
- **B** bedeckt
- **C** gro

6. Bei Stuerm gëtt et vill _____.

- **A** Loft
- **B** Niwwel
- **C** Wand

7. Et fält vill _____.

- **A** Reen
- **B** Knëppelsteng
- **C** Schnéi

8. D'Sonn _____.

- **A** sténkt
- **B** geet op
- **C** schéngt

B. Ergänzen Sie die Sätze.

1. Am Summer reent et net vill, et ass ganz _____.

- **A** naass
- **B** fiicht
- **C** dréchen

2. De Wand bléist mat 100km/h, et ass _____.

    A Stuerm   **B** Niwwel   **C** Donner

3. Bei engem Donnerwieder gëtt et Donner a _____.

    A Glëtz   **B** Blëtz   **C** Pëtz

4. Et si vill_____ um Himmel, den Himmel ass bedeckt.

    A Sonn   **B** Wolleken   **C** Faarwen

5. An der Nuecht gëtt et kal, d'Temperature _____ op 2 Grad.

    A falen   **B** klammen   **C** killen

Fokus **Superlativ**

A. Ergänzen Sie die korrekte Superlativform.

1. Am Wanter ass et _____.

    A am kaalsten   **B** am keelsten   **C** am koolsten

2. Am Summer ass et _____.

    A am wäermsten   **B** am waarmsten   **C** am wiermsten

3. Am Fréijoer reent et _____.

    A am villsten   **B** am meeschten   **C** am méisten

4. Am Summer ass d'Wieder _____.

    A am beschten   **B** am guttsten   **C** am bessersten

5. Bei Stuerm bléist de Wand _____.

    A am stäerksten   **B** staarksten   **C** am stareksten

6. Ech hunn d'Fréijoer _____.

    A am gärsten   **B** am léifsten   **C** am beschten

7. Am Summer sinn d'Temperaturen _____

    A am héijesten   **B** am héchsten   **C** am héiersten

8. De Risiko fir Niwwel ass am November _____

    A am gréissten   **B** am groussten   **C** am gréissersten

---

Merke Um den Superlativ zu bilden, fügt man meist **-sten** an das Adjektiv an. Es gibt jedoch zahlreiche unregelmäßige Formen, die man auswendig lernen muss. Alle Superlative können als Adjektive verwendet werden und werden wie diese dekliniert.

B. Ergänzen Sie die korrekten Deklinationsformen der Superlative.

Lösung
Seite 160

1. A Spuenien hate mir dat _____ Wieder.

    A beschter   **B** bescht   **C** bessert

2. Am Summer kréie mir déi _____ Temperaturen.

    A héijst   **B** héchst   **C** héier

3. Muer kréie mir de _____ Dag vun der Woch.

    A sonnegsten   **B** sonnegen   **C** sonnegstent

4. Hei ass déi _____ Regioun vu Lëtzebuerg.

    A niwwelegster   **B** niwweleg   **C** niwwelegst

5. Den August ass de _____ Mount vum Joer.

    A waarmste   **B** wäermst   **C** wäermste

6. Den Hierscht ass déi _____ Joreszäit.

    A reeneregst   **B** reenegst   **C** reensten

7. Dat hei ass déi _____ Plaz am Land.

    A loftegste   **B** lëftegst   **C** lëftegsten

8. Déi _____ Leit fueren am Summer an d'Vakanz.

    A villst   **B** mannst   **C** meescht

Lösung
Seite 160

Fokus Satzstruktur

A. Ergänzen Sie den passenden Satzabschluss.

1. Am Fréijoer _____.
   - **A** d'Blieder si gréng
   - **B** bléien d'Beem iwwerall
   - **C** gëtt vill sonneg Deeg

2. Den Himmel ass blo an _____.
   - **A** d'Sonn schéngt iwwerall
   - **B** et schéngt d'Sonn
   - **C** sonneg et ass

3. D'Blieder gi giel a _____.
   - **A** si fale vun de Beem
   - **B** fale si vun de Beem
   - **C** vun de Beem si falen

4. An de Bierger _____.
   - **A** läit et vill Schnéi
   - **B** schneit vill
   - **C** gëtt et vill Schnéi

5. An der Nuecht _____.
   - **A** killt et d'Temperaturen of
   - **B** killt et vill of
   - **C** killen d'Temperaturen

B. Welche Variante entspricht dem oben angegebenen Satz?

**Lösung
Seite 160**

1. Haut schéngt d'Sonn de ganzen Dag.

   Ⓐ De ganzen Dag d'Sonn schéngt haut.

   Ⓑ D'Sonn schéngt haut de ganzen Dag.

   Ⓒ Haut d'Sonn schéngt de ganzen Dag.

2. Am Hierscht reent et dacks.

   Ⓐ Dacks et reent am Hierscht.

   Ⓑ Reent dacks et am Hierscht.

   Ⓒ Et reent dacks am Hierscht.

3. Et ass vill Niwwel an där Regioun.

   Ⓐ An där Regioun ass et vill Niwwel.

   Ⓑ An där Regioun ass vill Niwwel.

   Ⓒ Vill Niwwel et ass an där Regioun.

4. Et gëtt heiansdo en Donnerwieder am Summer.

   Ⓐ En Donnerwieder gëtt am Summer et heiansdo.

   Ⓑ Am Summer gëtt heiansdo en Donnerwieder.

   Ⓒ Heiansdo gëtt et am Summer en Donnerwieder.

5. Ech ginn am léifsen am Fréijoer an d'Vakanz.

   Ⓐ Am Fréijoer ech ginn am léifsten an d'Vakanz.

   Ⓑ Am léifsten ginn ech am Fréijoar an d'Vakanz.

   Ⓒ An d'Vakanz am Fréijoar ginn ech am léifsten.

Modul 16
WORTSCHATZ

ginn	*werden*
schéngen	*scheinen, glänzen*
falen	*fallen*
reenen	*regnen*
schneien	*schneien*
blosen	*wehen*
klammen	*steigen, klettern*
ofkillen	*abkühlen*
blëtzen	*blitzen*
donneren	*donnern*

Nomen

Reen, m.	*Regen*
Schnéi, m.	*Schnee*
Wand, m.	*Wind*
Loft, f.	*Luft*
Knëppelsteng, Pl.	*Hagel(körner)*
Himmel, m.	*Himmel*
Wollek, Wolleken, f.	*Wolke*
Stuerm, Stierm, m.	*Sturm*
Niwwel, m.	*Nebel*
Donner, m.	*Donner*
Blëtz, Blëtzer, m.	*Blitz*
Sonn, Sonnen, f.	*Sonne*
Temperatur, Temperaturen, f.	*Temperatur*

Joreszäit, Joreszäiten, f.	*Jahreszeit*
Saison, Saisonen, f.	*Jahreszeit*
Fréijoer, Fréijoren, n.	*Frühjahr*
Summer, Summeren, m.	*Sommer*
Hierscht, Hierschter, m.	*Herbst*
Wanter, Wanteren, m.	*Winter*

Adjektive

sonneg	*sonnig*
niwweleg	*nebelig*
bedeckt	*bedeckt*
waarm	*warm*
kal	*kalt*
kill	*kühl*
frësch	*frisch*
gliddeg	*glühend heiß*
schmeier	*schwül, feuchtwarm*
naass	*nass*
fiicht	*feucht*
dréchen	*trocken*
äiseg	*eisig*
héich	*hoch*
niddereg	*niedrig*

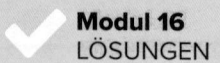

Modul 16
LÖSUNGEN

Grundlagen

SEITE 150
Verben *ginn* und *goen*
A. 1 **B** 2 **B** 3 **B** 4 **A** 5 **A** 6 **B** 7 **B** 8 **A**

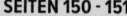

SEITEN 150 - 151
Verb *ginn*
A. 1 **B** 2 **A** 3 **C** 4 **B** 5 **B** 6 **A** 7 **B** 8 **A**

SEITEN 151 - 152
Et ass/Et sinn/Et gëtt/Et ginn
A. 1 **A** 2 **A/B** 3 **A** 4 **B** 5 **B** 6 **A/B** 7 **B** 8 **A**

SEITEN 152 - 153
Jahreszeiten
A. 1 **A** 2 **C** 3 **B** 4 **D** 5 **D**

SEITEN 153 - 154
Wortschatz: Wetter
A. 1 **C** 2 **A** 3 **C** 4 **B** 5 **A** 6 **B** 7 **B** 8 **A**
B. 1 **C** 2 **A** 3 **B** 4 **B** 5 **A**

SEITEN 154 - 155
Superlativ
A. 1 **B** 2 **A** 3 **B** 4 **A** 5 **A** 6 **B** 7 **B** 8 **A**
B. 1 **B** 2 **B** 3 **A** 4 **C** 5 **C** 6 **A** 7 **B** 8 **C**

SEITEN 156 - 157
Satzstruktur
A. 1 **B** 2 **A** 3 **A** 4 **C** 5 **B**
B. 1 **B** 2 **C** 3 **B** 4 **C** 5 **B**

Sie haben zwischen 0 und 22 Punkte? Wiederholen Sie noch einmal die Aufgaben, in denen Sie
Fehler gemacht haben, und schauen Sie sich die entsprechenden Stellen erneut an.
Sie haben zwischen 23 und 44 Punkte? Das könnte ein wenig besser sein. Aber nicht verzagen!
Sie haben zwischen 45 und 57 Punkte? Großartig! Analysieren Sie Ihre Fehler, und wiederholen
Sie nötigenfalls die Themen, die Sie noch nicht ganz beherrschen.
Sie haben 58 Punkte oder mehr? Dir sidd wierklech tipptopp!

Fokus Hätt gär

*A. Ergänzen Sie die korrekte Form des Verbs **hunn**.*

Lösung
Seite 170

1. Ech _____ gär en Aperitif ouni Alkohol.
   - **A** hätte
   - **B** hätten
   - **C** hätt
   - **D** hat

2. _____ du och gär e Glas Wäin?
   - **A** Has
   - **B** Häss
   - **C** Hättes
   - **D** Häs

3. Den Emil _____ d'Geméiszopp als Entrée.
   - **A** hätt
   - **B** hättet
   - **C** hät
   - **D** hat

4. Wat _____ Dir gär?
   - **A** hättet
   - **B** hätt
   - **C** hätte
   - **D** hättest

5. Mir _____ gär en Dësch bei der Fënster.
   - **A** hätten
   - **B** hätt
   - **C** hätte
   - **D** hate

6. D'Kanner _____ gär eng Glace als Dessert.
   - **A** hätte
   - **B** hätten
   - **C** hätt
   - **D** hättet

Fokus Géif gär

*A. Ergänzen Sie die korrekte Form des Verbs **ginn**. Es sind mehrere Antworten möglich!*

1. Ech _____ gär en Dësch fir véier Leit reservéieren.
   - **A** géife
   - **B** géif
   - **C** géingen
   - **D** géing

2. _____ du och gär de vegetaresche Plat huelen?
   - **A** Géings
   - **B** Gëffs
   - **C** Gëss
   - **D** Géifs

3. D'Sarah _____ gär an e Fast-Food-Restaurant iesse goen.
   - **A** géing
   - **B** géingt
   - **C** géift
   - **D** géife

4. Wat _____ Dir gär drénken?
   - **A** géift
   - **B** géingt
   - **C** gëfft
   - **D** géinget

5. Mir _____ gär dobaussen op der Terrass iessen.

  A géingen   **B** géinge   **C** géing   **D** géingte

6. Meng Frënn _____ gär just eppes drénken.

  A géing   **B** géife   **C** géifen   **D** géinge

Merke Auf **hätt gär** (Konditional Präsens von **hunn**) folgt ein Nomen, auf **géif gär** (Konditional Präsens von **ginn**) folgt ein Verb im Infinitiv, das am Ende des Hauptsatzes steht. **Ech géif gär** und **Ech géing gär** sind äquivalente Varianten. Die Konditionalformen der Verben **ginn** (**géif**) et **goen** (**géing**) werden als Hilfsverben benutzt, um das Konditional Präsens der meisten Verben zu bilden. Kombiniert mit **gär** drücken sie einen Wunsch aus.

Fokus **Hätt gär** oder **géing/géif gär**

A. Ergänzen Sie die Sätze.

Lösung Seite 170

1. Ech _____ e Glas Rosé, wannechgelift.

  A hätt gär   **B** géif gär

2. Mir _____ eppes Waarmes iessen.

  A hätte gär   **B** géife gär

3. Wou _____ Dir _____ sëtzen?

  A hätt ... gär   **B** géift ... gär

4. Wat fir e Wäin _____ Dir _____ ?

  A hätt ... gär   **B** géift ... gär

5. _____ du och _____ e Kaffi?

  A Häss ... gär   **B** Géifs ... gär

6. Ech _____ mat der Kreditkaart bezuelen.

  A hätt gär   **B** géif gär

7. De Maxime _____ Gromperen amplaz vum Räis.

  A hätt gär   **B** géif gär

8. D'Marie _____ seng Reschter mat heem huelen.

   (A) hätt gär   (B) géif gär

Lösung
Seite 170

Fokus **Relativpronomen**

A. Ergänzen Sie das passende Relativpronomen im Nominativ oder Akkusativ.

1. De Plat, _____ mir iessen, ass deier.

   (A) déi   (B) dat   (C) dee

2. De Wäin, _____ mir drénken, schmaacht gutt.

   (A) deen   (B) dee   (C) déi

3. D'Fleesch, _____ mir iessen, ass ganz zaart.

   (A) dee   (B) dat   (C) déi

4. D'Gromperen, _____op mengem Teller leien, si kal.

   (A) déi   (B) dat   (C) deen

5. D'Glace, _____ mir bestellen, kënnt aus Italien.

   (A) dat   (B) déi   (C) dee

6. Den Dësch, _____ mir reservéiert hunn, ass nach besat.

   (A) dat   (B) dee   (C) déi

7. De Restaurant, _____ mir recommandéieren, ass an der Stad.

   (A) dee   (B) déi   (C) dat

8. D'Iessen, _____ mir stoe loossen, geet net an d'Poubelle.

   (A) deen   (B) déi   (C) dat

B. Ergänzen Sie das passende Relativpronomen im Dativ.

1. De Client, mat _____ mir iesse ginn, kënnt aus China.

   (A) dat   (B) deem   (C) där

2. De Restaurant, an_____ mir giess hunn, ass immens gutt.

   (A) deen   (B) deem   (C) dat

3. D'Madame, mat _____ mir Rendez-vous hunn, huet Verspéidung.

   A der   B där   C dat

4. D'Iessen, vun _____ ech schwätzen, ass déi nächst Woch.

   A dat   B dem   C deem

5. D'Glas, aus _____ Dir drénkt, ass net ganz propper.

   A där   B deem   C deen

6. D'Clienten, mat _____ mir schwätzen, si ganz zefridden.

   A där   B deene   C deen

> **Merke** Welches Relativpronomen verwendet wird, ist abhängig von der Funktion, die es im Relativsatz hat und somit von dessen Verb. Es gleicht sich in Genus und Numerus an das Nomen des Hauptsatzes an, auf das es sich bezieht. Vor dem Relativpronomen steht immer ein Komma. Das Verb befindet sich stets am Ende des Relativsatzes.

Fokus **Wortschatz: Restaurant**

Lösung Seite 170

A. Ergänzen Sie den passenden Begriff.

1. Ech brauch nach _____ fir meng Zopp.

   A e Messer   B eng Forschett   C e Läffel

2. _____ hei schneit net gutt, kann ech en anert kréien?

   A Dat Glas   B Dee Läffel   C Dat Messer

3. Kann ech wgl. _____ kréien?

   A en Nuesschnappech   B eng Zerwéit   C eng Nappe

4. Et ass net genuch Vinaigrette op der Zalot. Kann ech _____an _____kréien?

   A Esseg/Salz   B Salz/Peffer   C Esseg/Ueleg

5. Hutt Dir vläicht e bësse _____ fir op d'Brout?

   A Botter   B Ram   C Fett

6. Ech hätt gär e Fëschfilet ouni _____.

(A) Schanken   (B) Sprenzen   (C) Flilleken

B. Ergänzen Sie das passende Verb.

1. Wie wëllt de Wäin _____?

(A) schëdden   (B) schmaachen   (C) schmacken

2. D'Fleesch _____ no verbrannt.

(A) kuckt   (B) kacht   (C) richt

3. Dir kënnt nach Gromperen _____.

(A) nobestellen   (B) noiessen   (C) nomathuelen

4. Wat fir e Wäin _____ bei de Fësch?

(A) schmaacht   (B) passt   (C) drénkt

5. Kënnt Dir de Wäin _____?

(A) zerwéieren   (B) ewechschëdden   (C) wiermen

Fokus **Ausdrücke im Restaurant**

A. Welche Antwort passt nicht zu der genannten Bitte oder Frage?

Lösung
Seite 170

1. Ech géif gär en Dësch reservéieren.

(A) Jo, fir wéi vill Persounen?

(B) Jo, fir wéini?

(C) Jo, mir hu Congé.

2. Ech hätt gär en Dësch bei der Fënster.

(A) Et deet mer leed, mir hu keng Fënster.

(B) Jo, natierlech, fir wéi vill Persounen?

(C) Et deet mir leed, déi sinn all besat.

3. Kann ech Räis amplaz vun de Grompere kréien?

   A Et deet mer leed, mee dat geet net.

   B Jo natierlech, kee Problem.

   C Nee, ech hu Räis net gär.

Lösung
Seite 170

4. Ass an der Zooss och Fleesch?

   A Nee, et ass eng vegetaresch Zooss.

   B Jo, mee Fësch ass besser.

   C Jo, et ass Fleesch dran.

5. Hutt Dir och oppene Wäin?

   A Jo, hei ass d'Kaart.

   B Nee, mir hu just ganz Fläschen.

   C Jo, ech maachen lech de Wäin op.

B. Welche Frage passt zu der angegebenen Antwort?

1. Nee, fir véier.

   A Ass aacht Auer an der Rei?

   B Fir zwou Persounen?

   C Wéi vill Leit?

2. Um hallwer aacht.

   A Um wéi vill Auer wëllt Dir kommen?

   B Kommt Dir um hallwer aacht?

   C Hutt Dir e Rendez-vous?

3. Getrennt.

   A Bezuelt Dir alles zesummen oder getrennt?

   B Wëllt Dir zesumme sëtzen?

   C Wéi wëllt Dir Äert Fleesch?

4. Jo, op Matthieu.

   Ⓐ Waart Dir nach op eng Persoun?

   Ⓑ Hutt Dir reservéiert?

   Ⓒ Wéi ass Ären Numm?

Lösung
Seite 170

5. Nee Merci, just e Kaffi.

   Ⓐ Huelt Dir nach en Dessert?

   Ⓑ Huet et geschmaacht?

   Ⓒ Kann ech lech nach eppes bréngen?

C. Welcher Satz passt zu der beschriebenen Situation?

1. De Client ass zefridden.

   Ⓐ D'Entrecôte ass ze fetteg.

   Ⓑ D'Fleesch ass ganz zaart.

   Ⓒ Et ass net genuch Salz an der Zopp.

2. De Client reklaméiert.

   Ⓐ De Wäin schmaacht no Stopp.

   Ⓑ De Wäin ass ganz sëffeg.

   Ⓒ De Wäin schmaacht no roude Friichten.

3. Dem Client huet et gutt geschmaacht.

   Ⓐ Ei, dat war immens gutt.

   Ⓑ Ei, dat geet an d'Rei.

   Ⓒ Ei, dat iessen ech all Dag.

4. De Plat (d'Quantitéit) war ze grouss.

   Ⓐ Et war ganz gutt, mee net genuch.

   Ⓑ Et war ze vill, mee ganz gutt.

   Ⓒ Et war net vill, mee gutt genuch.

5. De Client reagéiert positiv op eng Excuse vum Garçon.

Lösung
Seite 170

A Dat geet guer net, ech kann net waarden.

B Dat ass net an der Rei, ech hätt gär en aneren.

C Dat ass kee Problem, ech verstinn dat.

Verben

reservéieren	*reservieren*
recommandéieren	*empfehlen*
bestellen	*bestellen*
schmaachen	*schmecken*
erausschëdden	*einschenken*
richen	*riechen*
zerwéieren	*servieren*
wiermen	*aufwärmen*
passen (bei + Akk.)	*passen zu*

Nomen

Plat, Platen, m.	*Gang (bei Tisch)*
Haaptplat, Haaptplaten, m.	*Hauptgericht*
Entrée, Entréeën, f.	*Vorspeise*
Dessert, Desserten, m	*Dessert, Nachtisch*
Zopp, Zoppen, f.	*Suppe*
Teller, Telleren, m.	*Teller*
Läffel, Läffelen, m.	*Löffel*
Forschett, Forschetten, f.	*Gabel*
Messer, Messeren, n.	*Messer*
Besteck, Bestecker, n.	*Besteck*
Läffelsgeschir, n.	*Besteck*
Zerwéit, Zerwéiten, f.	*Serviette*
Napp, Nappen, f.	*Tischdecke*
Dëschelduch, Dëscheldicher, n.	*Tischtuch*
Set, Setten, m.	*Platzset*
Esseg, Esseger, m.	*Essig*

Ueleg, Ueleger, m.	Öl
Salz, n.	Salz
Peffer, m.	Pfeffer
Schank, Schanken, f.	Knochen
Sprenz, Sprenzen, f.	Fischgräte
Flillek, Flilleken, m.	Flügel
Rescht, Reschter, m.	Rest
Stopp, m.	Korken, Stöpsel

Adjektive

zaart	zart
fetteg	fett
sëffeg	süffig
oppen	offen

Wendungen/Adverbien/Wichtige Ausdrücke

zesummen oder getrennt bezuelen	zusammen oder getrennt bezahlen
ze vill	zu viel
(net) genuch	(nicht) genug
Huet et geschmaacht?	Hat es geschmeckt?

Pronomen

Relativpronomen im Nominativ/Akkusativ

deen (m.)	der/den
déi (f., Pl.)	die/die
dat (n.)	das/das

Relativpronomen im Dativ

deem (m., n.)	dem, von dem, mit dem
där (f.)	der, von der, mit der
deenen (Pl.)	denen, von denen, mit denen

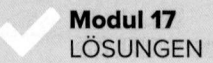

Modul 17
LÖSUNGEN

Grundlagen

SEITE 161
Hätt gär
A. 1 **C** 2 **B** 3 **A** 4 **B** 5 **C** 6 **A**

SEITE 161 - 162
Géif gär
A. 1 **B/D** 2 **A/D** 3 **A** 4 **A/B** 5 **B** 6 **B/D**

SEITEN 162 - 163
Hätt gär oder **géing/géif gär**
A. 1 **A** 2 **B** 3 **B** 4 **A** 5 **A** 6 **B** 7 **A** 8 **B**

SEITEN 163 - 164
Relativpronomen
A. 1 **C** 2 **B** 3 **B** 4 **A** 5 **B** 6 **B** 7 **A** 8 **C**
B. 1 **B** 2 **B** 3 **B** 4 **C** 5 **B** 6 **B**

SEITEN 164 - 165
Wortschatz: Restaurant
A. 1 **C** 2 **C** 3 **B** 4 **C** 5 **A** 6 **B**
B. 1 **B** 2 **C** 3 **A** 4 **B** 5 **A**

SEITEN 165 - 168
Ausdrücke im Restaurant
A. 1 **C** 2 **A** 3 **C** 4 **B** 5 **C**
B. 1 **B** 2 **A** 3 **A** 4 **B** 5 **A**
C. 1 **B** 2 **A** 3 **A** 4 **B** 5 **C**

Sie haben zwischen 0 und 18 Punkte? Wiederholen Sie noch einmal die Aufgaben, in denen Sie Fehler gemacht haben, und schauen Sie sich die entsprechenden Stellen erneut an.

Sie haben zwischen 19 und 38 Punkte? Das könnte ein wenig besser sein. Aber nicht verzagen!

Sie haben zwischen 39 und 54 Punkte? Großartig! Analysieren Sie Ihre Fehler, und wiederholen Sie nötigenfalls die Themen, die Sie noch nicht ganz beherrschen.

Sie haben 55 Punkte oder mehr? Dir sidd wierklech tipptopp!

Fokus Verben *lafen* und *fléien*

A. Ergänzen Sie die passende Konjugationsform der Verben **lafen** *oder* **fléien**.

Lösung
Seite 181

1. Ech _____ net gär mam Fliger.
   - **A** fléien
   - **B** fléigen
   - **C** flitten

2. _____ du vum Findel aus?
   - **A** Fléis
   - **B** Flitts
   - **C** Fliss

3. De Patrick _____ mam Helikopter op Monaco.
   - **A** fléit
   - **B** fleet
   - **C** flitt

4. _____ Dir mam Fliger oder fuert Dir mam Zuch an d'Vakanz?
   - **A** Flitt
   - **B** Fléit
   - **C** Flott

5. D'Simone _____ haut säin éischte Marathon.
   - **A** laaft
   - **B** leeft
   - **C** lift

6. Wuer _____ du dann esou séier?
   - **A** laffs
   - **B** laafs
   - **C** leefs

7. _____ e gudde Film am Kino?
   - **A** Leuft
   - **B** Leeft
   - **C** Léift

8. Dir _____ ze lues!
   - **A** lifft
   - **B** looft
   - **C** laaft

Fokus Verb *klammen*

A. Ergänzen Sie die passende Konjugationsform des Verbs **klammen**.

1. Den Tony _____ an de Bus a fiert op d'Gare.
   - **A** klammt
   - **B** klëmmt
   - **C** klemmt

2. Firwat _____ du net emol op de Vëlo?
   - **A** klaams
   - **B** kleems
   - **C** klëmms

Lösung
Seite 181

3. _____ hannen an den Auto! Hei vir ass keng Plaz.

A Klammen   **B** Klamm   **C** Klëmm

4. Wou _____ Dir gär eraus?

A klëmmt   **B** klaamt   **C** klammt

5. Mir _____ zu Réimech op d'Schëff.

A klammen   **B** klëmmen   **C** klamen

6. Firwat _____ du net eraus?

A klaams   **B** klamms   **C** klëmms

Fokus **Präpositionen und Partikeln mit dem Verb *klammen***

A. Ergänzen Sie die passende Präposition bzw. Partikel.

1. Ech klammen _____ de Vëlo a fuere spadséieren.

A an   **B** eran   **C** op   **D** erof

2. De Bus ass net direkt, Dir musst op der Gare _____ klammen.

A ëm   **B** an   **C** op   **D** vun

3. Den Tram fiert an zwou Minutten, klamm séier _____.

A erof   **B** eran   **C** op   **D** an

4. Mir klammen _____ dem Zuch an huelen en Taxi.

A an   **B** vun   **C** aus   **D** ëm

5. De Pit klëmmt _____ de Moto a mécht e Selfie.

A vun   **B** op   **C** erop   **D** erof

6. Klamm séier _____, de Vëlo huet e Platten.

A eran   **B** erop   **C** erof   **D** eraus

7. D'Caroline klëmmt _____ Päerd a geet eppes drénken.

A vum   **B** aus dem   **C** erof   **D** op dem

8. Mir klammen _____ de Fliger a sichen eis Plaz.

A op   **B** aus   **C** an   **D** vun

Merke Das Verb **klammen** kann mit den trennbaren Partikeln **eran-**, **eraus-**, **erop-** und **erof-** verwendet werden, um die Bewegungsrichtung auszudrücken, und mit **ëm-**, um eine Ortsveränderung auszudrücken. Sie werden hinzugefügt, wenn man nicht eindeutig präzisiert, in oder aus was man ein- bzw. aussteigt: **Ech klammen aus dem Bus./Ech klammen eraus.** Möglich ist jedoch auch **Ech klammen aus dem Bus eraus.**

Fokus **Transportmittel**

A. Ergänzen Sie das passende Transportmittel.

1. De Supermarché ass op 100 Meter, _____.

   (A) ech fuere mam Vëlo

   (B) ech ginn zu Fouss

   (C) ech fuere mam Bus

   Lösung Seite 181

2. Den ëffentlechen Transport streikt haut, _____.

   (A) ech huelen de Fliger

   (B) ech fuere mam Taxi

   (C) ech fuere mam Tram

3. Ech wëll zu Paräis ganz séier vill Kilometer maachen, _____.

   (A) ech fuere mam Auto

   (B) ech fuere mam Metro

   (C) ech ginn zu Fouss

4. Mir si ganz romantesch, fir eis Hochzäitsfeier _____.

   (A) fuere mir mam Trakter

   (B) fuere mir mam Camion

   (C) fuere mir mat der Kutsch

5. Mir maache gär Vakanz um Waasser, dofir _____.

   (A) fuere mir mat der Trottinett

   (B) fuere mir mam Schëff

   (C) fuere mir mam Skateboard

*B. Ergänzen Sie die Präposition **mat** und den passenden Artikel (**mam = mat dem**)*

Lösung
Seite 181

1. Ech fueren all Dag _____ Tram.
   - **A** mam
   - **B** mat der

2. Et ass modern, _____ Trottinett ze fueren.
   - **A** mam
   - **B** mat der

3. Flitts du och gär _____ grousse Fliger?
   - **A** mat engem
   - **B** mat enger

4. Mir fuere _____ Auto an d'Vakanz.
   - **A** mat eisem
   - **B** mat eiser

5. Bass du schonn eng Kéier _____ Schëff gefuer?
   - **A** mat engem
   - **B** mat enger

6. D'Busse streiken, mir musse _____ Taxi fueren.
   - **A** mam
   - **B** mat der

7. D'Hochzäitskoppel fiert _____ Kutsch an d'Kierch.
   - **A** mam
   - **B** mat der

8. Am Summer fuere vill Leit _____ Vëlo schaffen.
   - **A** mam
   - **B** mat der

Fokus **Verb *halen* und seine Ableitungen**

*A. Ergänzen Sie die passende Konjugationsform des Verbs **halen**.*

1. Den Zuch _____ op all Gare.
   - **A** haalt
   - **B** hält
   - **C** heelt

2. Mir _____ net mam Vëlofueren op.
   - **A** hälen
   - **B** huelen
   - **C** halen

3. Firwat _____ du hei?
   - **A** hëls
   - **B** häls
   - **C** haals

4. _____ stall, ech muss erausklammen.

     A Hall   **B** Hell   **C** Hal

5. _____ Dir beim Kierfecht?

     A Häält   **B** Haalt   **C** Hallt

6. D'Busser _____ net méi um Boulevard Royal.

     A halen   **B** huelen   **C** hälen

Fokus **Verben zum Ausdruck von „(an-)halten, stehenbleiben, aufhören"**

A. Welche ist die korrekte Übersetzung des oben angegebenen Satzes?

1. Der Bus bleibt vor dem Bahnhof stehen.

     A De Bus hält op virun der Gare ze stoen.

     B De Bus bleift virun der Gare stoen.

     C De Bus steet virun der Gare bleiwen.

Lösung Seite 181

2. Wir hören auf, das Taxi zu nehmen.

     A Mir bleiwen den Taxi huele stoen.

     B Mir halen den Taxi huele stall.

     C Mir halen op, den Taxi ze huelen.

3. Wo hält dieser Bus an?

     A Wou hält dee Bus stoen?

     B Wou hält dee Bus op?

     C Wou bleift dee Bus stoen?

4. An der roten Ampel müssen wir stehen bleiben.

     A Bei der rouder Luucht musse mir stoe bleiwen.

     B Bei der rouder Luucht musse mir ophalen.

     C Mir mussen op der rouder Luucht halen.

5. Hält die Straßenbahn beim Gymnasium an?

A Hält den Tram beim Lycée stall?

B Steet den Tram beim Lycée bleiwen?

C Bleift den Tram beim Lycée stall?

Merke „Mit etwas aufhören": **ophale mat** + Verb/Nomen oder **ophalen ze** + Verb. „An-halten" im Sinne von „nicht weitergehen/-fahren": **halen** oder **stoen** + **bleiwen** (**bleiwen** wird konjugiert, **stoen** wird ans Satzende gestellt und verändert sich nicht). Die Kombination von **halen** + **bleiwen** ist auch möglich. Es gibt auch **stallhalen** „anhalten, stehenbleiben".

Fokus Auskünfte einholen

A. Ergänzen Sie die Sätze.

Lösung
Seite 181

1. Um wéi vill Auer _____ den Zuch _____?

   A kënnt/un   B fiert/un   C kënnt/fort

2. Wou ass den nächste _____ ?

   A Busgare   B Busarrêt   C Bushaischen

3. Ass deen Zuch direkt oder muss ech _____?

   A ausklammen   B ofklammen   C ëmklammen

4. Op _____ Gleis fiert den Zuch fort?

   A wat fir ee   B wat fir engem   C wat engem

5. Wou muss ech mäi Billjee _____?

   A entwäerten   B iwwerwäerten   C opwäerten

6. Gëtt et hei eng _____?

   A Taxistand   B Vëlospist   C Vëlosstand

7. Wéi vill kascht en _____ fir op Paräis?

   A Hin-an-Hier   B Hei-an-Do   C Aller-retour

8. Wéi laang ass en _____ gülteg?

   A Billjeesdag   B Dagesbilljee   C Dagticket

Fokus Auskünfte einholen: Fragepronomen

A. Ergänzen Sie das passende Fragepronomen.

1. _____ fiert den Zuch fort?
   - **A** Wéi vill Auer
   - **B** Wéini
   - **C** Wuer

2. _____ Buslinn muss ech huele fir op d'Gare?
   - **A** Wat fir
   - **B** Wat
   - **C** Wat fir eng

3. _____ kascht e Billjee bis op Bréissel?
   - **A** Wéi
   - **B** Wat fir
   - **C** Wat

4. _____ fiert dee Bus hei?
   - **A** Wou
   - **B** Wuer
   - **C** Wie

5. _____ huelt Dir net den Tram?
   - **A** Firwat
   - **B** Wéi
   - **C** Wiem

6. _____ vun iech fiert léiwer mam Bus?
   - **A** Wiem
   - **B** Wat
   - **C** Wie

7. _____ kommen ech am séierste vun hei an d'Stad?
   - **A** Wie
   - **B** Wéi
   - **C** Wat

8. Op _____ Quai fiert de Bus fir op Saarbrécken fort?
   - **A** wéi e
   - **B** wéi engem
   - **C** wat een

Fokus Unterwegs

A. Welcher Satz entspricht dem oben angegebenen?

Lösung
Seite 181

1. Ech huele gär de Bus, fir schaffen ze fueren.
   - **A** Ech fuere gär mam Bus schaffen.
   - **B** Ech schaffe gär, fir mam Bus ze fueren.
   - **C** Ech huelen net gär den Zuch, fir schaffen ze fueren.

2. Op wat fir engem Gleis fiert den Zuch fort?

  A Op wéi ee Gleis fiert den Zuch eran?

  B Op wéi engem Gleis ass den Depart?

  C Op wéi ee Gleis muss ech fortfueren?

Lösung
Seite 181

3. Déi Linn ass net direkt, dir musst ëmklammen.

  A Dir musst erausklammen, hei ass Endstatioun.

  B Dir musst nach en anere Bus huelen, deen hei ass net direkt.

  C Dir musst eng aner Plaz huelen, déi hei ass reservéiert.

4. Gëtt et an denger Géigend e Busarrêt?

  A Ass an denger Strooss eng Busgare?

  B Ass an denger Noperschaft eng Bushaltestell?

  C Gëtt et op där Haltestell e Bushaischen?

5. Wéi kommen ech vun hei am séiersten op d'Gare?

  A Wou ass d'Gare am schnellsten?

  B Wéi geet et am schnellsten op d'Gare?

  C Wou fiert de séierste Bus fir op d'Gare?

Verben

fléien	*fliegen*
lafen	*laufen*
klammen	*klettern; ein-/aussteigen*
halen	*anhalten*
ophalen mat/ze	*aufhören mit, aufhören zu*
bleiwen	*bleiben*
stoen	*stehen*
stoe bleiwen	*stehenbleiben*

stallhalen	*anhalten, stehenbleiben*
streiken	*streiken*
mussen	*müssen*
entwäerten	*entwerten (Fahrschein)*

Nomen

Busgare, Busgaren, f.	*Busbahnhof*
Busarrêt, Busarrêten, m.	*Bushaltestelle*
Bushaischen, Bushaisercher, n.	*Buswartehäuschen*
Bushaltestell, Bushaltestellen, f.	*Bushaltestelle*
Fliger, Fligeren, m.	*Flugzeug*
Helikopter, Helikopteren, m.	*Hubschrauber*
Kutsch, Kutschen, f.	*Kutsche*
Trottinett, Trottinetten, f.	*Roller*
Skateboard, Skateboarden, m. oder n.	*Skateboard*
Schëff, Schëffer, n.	*Schiff*
Moto, Motoen, m.	*Motorrad*
Camion, Camionen, m.	*LKW*
Trakter, Trakteren, m.	*Traktor*
Päerd, Päerd, n.	*Pferd*
Platten, Platten, m.	*platter Reifen*
Tram, Trammen, m.	*Straßenbahn*
Aller-retour, Aller-retouren, m.	*Hin- und Rückfahrkarte*
Taxistand, Taxistänn, m.	*Taxistand*
Vëlospist, Vëlospisten, f.	*Fahrradweg*
Dagesbilljee, Dagesbilljeeën, m.	*Tagesticket*

Modul 18
WORTSCHATZ

Endstatioun, Endstatiounen, f.	*Endstation*
Metro, Metroen, m.	*Metro*

Adjektive/Adverbien

séier	*schnell*
schnell	*schnell*
lues	*langsam*

Wendungen/Adverbien/Wichtige Ausdrücke

den ëffentlechen Transport (m., Sg.)	*öffentliche Verkehrsmittel*

Partikeln in Verbindung mit Verben der Bewegung

eran- (goen, fueren, ...)	*herein, hinein*
eraus- (goen, fueren, ...)	*heraus, hinaus*
erop- (goen, fueren, ...)	*herauf, hinauf*
erof- (goen, fueren, ...)	*herab, hinab*

Grundlagen

IHR
PUNKTE-
STAND:

SEITE 171
Verben **lafen** und **fléien**
A. 1 **A** 2 **B** 3 **C** 4 **A** 5 **B** 6 **C** 7 **B** 8 **C**

. . . .

SEITEN 171 - 172
Verb **klammen**
A. 1 **B** 2 **C** 3 **B** 4 **C** 5 **A** 6 **C**

. . . .

SEITEN 172 - 173
Präpositionen und Partikeln mit dem Verb **klammen**
A. 1 **C** 2 **A** 3 **B** 4 **C** 5 **B** 6 **C** 7 **A** 8 **C**

. . . .

SEITEN 173 - 174
Transportmittel
A. 1 **B** 2 **B** 3 **B** 4 **C** 5 **B**
B. 1 **A** 2 **B** 3 **A** 4 **A** 5 **A** 6 **A** 7 **B** 8 **A**

. . . .

SEITEN 174 - 175
Verb **halen** und seine Ableitungen
A. 1 **B** 2 **C** 3 **B** 4 **C** 5 **B** 6 **A**

. . . .

SEITEN 175 - 176
Verben zum Ausdruck von „(an-)halten, stehenbleiben, aufhören"
A. 1 **B** 2 **C** 3 **C** 4 **A** 5 **A**

. . . .

SEITE 176
Auskünfte einholen
A. 1 **A** 2 **B** 3 **C** 4 **B** 5 **A** 6 **B** 7 **C** 8 **B**

. . . .

SEITE 177
Auskünfte einholen: Fragepronomen
A. 1 **B** 2 **C** 3 **C** 4 **B** 5 **A** 6 **C** 7 **B** 8 **B**

. . . .

SEITEN 177 - 178
Unterwegs
A. 1 **A** 2 **B** 3 **B** 4 **B** 5 **B**

Sie haben zwischen 0 und 21 Punkte? Wiederholen Sie noch einmal die Aufgaben, in denen Sie
Fehler gemacht haben, und schauen Sie sich die entsprechenden Stellen erneut an.
Sie haben zwischen 22 und 43 Punkte? Das könnte ein wenig besser sein. Aber nicht verzagen!
Sie haben zwischen 44 und 61 Punkte? Großartig! Analysieren Sie Ihre Fehler, und wiederholen Sie
nötigenfalls die Themen, die Sie noch nicht ganz beherrschen.
Sie haben 62 Punkte oder mehr? Dir sidd wierklech tipptopp!

Fokus Ortspräpositionen

A. Ergänzen Sie die passende Ortspräposition.

Lösung
Seite 193

1. Dir musst bei gréng _____ d'Strooss goen.

   A op   **B** iwwert   **C** duerch

2. Gitt hei _____ d'Haiser an dann nach e puer Meter weider.

   A duerch   **B** op   **C** laanscht

3. Ech ginn net gär eleng _____ de Park.

   A op   **B** duerch   **C** iwwert

4. Maach d'Luuchten un, fir _____ den Tunnel ze fueren.

   A aus   **B** virun   **C** duerch

5. Den Auto bleift _____ der rouder Luucht stoen.

   A op   **B** bei   **C** an

6. De Supermarché ass direkt do hannen _____ Eck.

   A zum   **B** vum   **C** um

7. Fuert do _____ d'Bréck, da kommt Dir op d'Gare.

   A iwwert   **B** nieft   **C** an

8. Gitt _____ d'Plaz, d'Entrée ass op der anerer Säit.

   A duerch   **B** ronderëm   **C** tëschent

Fokus Präpositionen und ihre Fälle

A. Ergänzen Sie den passenden Artikel.

1. Gitt iwwert _____ Spillplaz bis bei de Kiosk.

   A der   **B** d'   **C** dem

2. No _____ Bréck sinn et just nach 200 Meter.

   A dem   **B** d'   **C** der

3. Dir muss laanscht _____ Gebai goen.

   A dee   **B** dat   **C** déi

182

4. De Wee féiert riicht duerch _____Wunnzon.

   A enger   **B** engem   **C** eng

5. Kann ech hannert _____ Haus parken?

   A äert   **B** ärem   **C** ärer

6. Vun _____ Post ass et net méi wäit.

   A der   **B** dem   **C** dat

7. Dir musst bei _____ Tankstell riets erafueren.

   A d'   **B** der   **C** den

8. Wéi dacks wëlls du nach ronderëm _____ Quartier fueren?

   A d'   **B** dem   **C** de

Merke Achten Sie auf die grammatischen Fälle, die mit den Präpositionen verbunden sind. Manchen folgt der Akkusativ, anderen der Dativ, einigen können beide Fälle folgen.

Fokus **Ortsadverbien**

A. Ergänzen Sie das passende Adverb. Es sind mehrere Antworten möglich!

Lösung Seite 193

1. Fuert déi zweet Strooss _____.

   A riets   **B** lénks   **C** laanscht

2. De Kino ass do _____ op der rietser Säit.

   A no   **B** bäi   **C** hannen

3. Ass de Supermarché _____?

   A no bäi   **B** do hannen   **C** bäi no

4. Meng Frënn wunne ganz _____ (vu mir).

   A baussen   **B** wäit ewech   **C** duerno

5. Gitt ëmmer hei _____, d'Apdikt ass op 200 Meter.

   A riichtaus   **B** bannen   **C** wäit

Lösung Seite 193

6. Kuck, de Bancomat ass direkt hei _____.

   A vir   **B** baussen   **C** lénks

7. Waart wgl do_____ op mech.

   A uewen   **B** baussen   **C** no

8. Wéi _____ ass et bis op d'Gare?

   A vill   **B** grouss   **C** wäit

> **Merke** Das Luxemburgische kennt kein Verb für *„überqueren"*. Man benutzt stattdessen Verben der Bewegung, gefolgt von der Präposition **duerch** *„durch"* (für geschlossene Räume) oder **iwwert** *„über"* (für offene Flächen).

Fokus **Orientierungspunkte im Freien**

A. Ergänzen Sie den passenden Begriff.

1. Den Auto fiert dräimol ronderëm de _____.

   A Tunnel   **B** Rond-point   **C** Zebrasträifen

2. Pass op, do ass eng _____, do geet et net weider!

   A Sens unique   **B** Sakgaass   **C** Schëld

3. D'Foussgänger mussen iwwert d' _____ goen.

   A Zebrasträifen   **B** Rond-point   **C** Park

4. D'Immobilienagence ass am _____ vis-à-vis.

   A Gebai   **B** Parking   **C** Park

5. Et ass schwéier, an der Stad eng _____ ze fannen.

   A Gebai   **B** Parkplaz   **C** Strooss

6. Ech wéilt net ënner der _____ wunnen.

   A Tunnel   **B** Bréck   **C** Spillplaz

7. Kanns du mir de _____ erklären?

   A Direktioun   **B** Passage   **C** Wee

8. Fuer bis op d'_____ an da lénks.

   (A) Kräizung   (B) Rond-point   (C) Luucht

9. Bei der _____ muss du riets ofbéien.

   (A) grénger Luucht   (B) rouder Luucht   (C) rout Luucht

10. Hie wunnt do an där klenger _____.

   (A) Plaz   (B) Gaass   (C) Wee

Fokus   **Adverbien und Partikeln**

A. Ergänzen Sie das passende Adverb bzw. die passende Partikel.

Lösung Seite 193

1. Fuert hei déi Strooss _____.

   (A) uewen   (B) erop   (C) op

2. Kommt _____ op den éischte Stack, do ass mäi Büro.

   (A) ënnen   (B) erof   (C) eraus

3. Fuert net an de Parking _____, et si keng Plaze méi fräi.

   (A) eraus   (B) bannen   (C) eran

4. Eist Haus ass ganz _____ an der Sakgaass.

   (A) hannen   (B) erof   (C) do

5. Hei _____ lénks ass e Bancomat, do kanns du Suen ophiewen.

   (A) erof   (B) vir   (C) bäi

6. Gitt ëmmer _____, do ass d'Sortie.

   (A) erop   (B) riichtaus   (C) ewech

Fokus   **Auskünfte erteilen/Nach dem Weg fragen/Verkehrsinfos**

A. Wie lautet der Satz bzw. die Frage in der korrekten und vollständigen Form?

1. _____ ass et vun hei bis _____ d__Gare?

   (A) Wéi ass et vun hei bis bei d'Gare?

   (B) Wéi wäit ass et vun hei bis op d'Gare?

   (C) Wéi laang ass et vun hei bis op der Gare?

2. Kënnt Dir mir _____, wéi ech vun _____ op de Findel kommen?

   (A) Kënnt Dir mir froen, wéi ech vun do op de Findel kommen?

   (B) Kënnt Dir mir erklären, wéi ech vun Stad op de Findel kommen?

   (C) Kënnt Dir mir soen, wéi ech vun hei op de Findel kommen?

3. Dir musst nom _____ déi éischt _____ lénks fueren.

   (A) Dir musst nom Rond-point déi éischt Strooss lénks fueren.

   (B) Dir musst nom Bréck déi éischt Boulevard lénks fueren.

   (C) Dir musst nom hannen déi éischt Sakgaass lénks fueren.

4. Vun hei sinn _____ just zwou Minutten _____ Fouss.

   (A) Vun hei sinn et just zwou Minutten mam Fouss.

   (B) Vun hei sinn dir just zwou Minutten um Fouss.

   (C) Vun hei sinn et just zwou Minutten zu Fouss.

5. Fuert an d'_____, do si vill fräi _____.

   (A) Fuert an d'Parking, do si vill fräi Plazen.

   (B) Fuert an d'Parkhaus, do si vill fräi Parkplazen.

   (C) Fuert an d'Gaass, do si vill fräi Parkhaiser.

**Lösung
Seite 193**

6. Op der _____ ass en décke _____.

   (A) Op der Tunnel ass en décke Stau.

   (B) Op der Bréck ass en décke Accident.

   (C) Op der Autobunn ass en décke Stau.

7. D'Strooss _____ Bouneweg an der Gare ass haut _____.

   (A) D'Strooss viru Bouneweg an der Gare ass haut zou.

   (B) D'Strooss op Bouneweg an der Gare ass haut op.

   (C) D'Strooss tëschent Bouneweg an der Gare ass haut gespaart.

Fokus Verbote

A. Ergänzen Sie die Sätze so, dass ein Verbot zum Ausdruck kommt.

1. Op enger Plaz fir Handicapéierter däerf een ouni Vignette net_____.

   A fueren   **B** stoen   **C** sëtzen

2. An enger Wunnzon däerf een net _____.

   A parken   **B** séier fueren   **C** spillen

3. Bei engem Sens interdit däerf een net _____.

   A séier fueren   **B** erausfueren   **C** erafueren

4. An engem Duerf däerf een net _____.

   A tuten   **B** stoe bleiwen   **C** acceleréieren

5. Bei engem Chantier däerf een net _____.

   A iwwerhuelen   **B** d'Luucht umaachen   **C** no riets fueren

6. Op der Autobunn däerf een net _____.

   A erausfueren   **B** d'Kéier maachen   **C** iwwerhuelen

Merke Verbote werden mit der Verneinung des Modalverbs **däerfen** (**net däerfen** „*nicht dürfen*") und dem Hauptverb im Infinitiv formuliert, das am Ende des Hauptsatzes steht. Eine Alternative ist das Adjektiv **verbueden** (oder **net erlaabt**), gefolgt von einer Infinitiv-konstruktion.

Fokus Verbote und Satzstruktur

A. Welcher Satz entspricht dem oben angegebenen Verbot?

Lösung
Seite 193

1. fueren: an de Sens interdit

   A Et ass erlaabt, de Sens interdit eranzefueren.

   B Dir däerft net an de Sens interdit fueren.

   C Dir sidd verbueden, an de Sens interdit fueren.

2. stoe bleiwen: op der Kräizung

A Dir däerft op der Kräizung stoen net bleiwen.

B Op der Kräizung ze stoe bleiwen ass verbueden.

C Op der Kräizung däerft Dir net stoe bleiwen.

3. fueren: mat méi wéi 50 km/h

A Dir däerft net mat méi wéi 50 km/h fueren.

B Méi wéi 50 km/h ass et erlaabt net ze fueren.

C Et ass verbueden mat méi wéi 50 km/h net ze fueren.

4. parken: ouni Vignette

A Parken ouni Vignette ass hei net däerfen.

B Et ass net erlaabt, hei ouni Vignette ze parken.

C Ouni Vignette een däerf hei parken net.

5. tuten: an der Géigend vun engem Spidol

A Et ass verbueden, an der Géigend vun engem Spidol ze tuten.

B Ze tuten däerf een an der Géigend vun engem Spidol net.

C Erlaabt an der Géigend vun engem Spidol ass net tuten.

Fokus **Den Weg beschreiben oder nach dem Weg fragen**

A. Ergänzen Sie den fehlenden Satzteil.

1. Kënnt Dir mir soen, _____?

A wéi ech vun hei op de Glacis kommen

B wat ass séier fir op de Glacis

C wou ass de Glacis

2. Wéi wäit ass et _____?

A an de Supermarché goen

B vun hei bis an de Supermarché

C bei de Supermarché anzebéien

3. Passt op, do hannen _____.

A bei der rouder Luucht fueren

B ass eng geféierlech Kräizung

C fuert ëmmer riichtaus

Lösung
Seite 193

4. _____ musst dir no lénks ofbéien.

A Op der Parkplaz

B Op der Autobunn

C Bei der rouder Luucht

5. _____ virum Haus, dat ass verbueden.

A Fuert net

B Parkt net

C Klammt eraus

> **Merke** In indirekten Fragen steht das konjugierte Verb immer am Satzende.

B. Welche Antwort passt nicht zu der gestellten Frage?

1. Kënnt Dir mir soen, wou de Fussballsterrain ass?

A Den Terrain ass net vun hei.

B Et deet mer leed, ech sinn net vun hei.

C Jo, gitt ëmmer riichtaus, do ass en.

2. Wéi kommen ech am séiersten vun hei an den Zentrum?

A Fuert iwwert d'Bréck an dann ëmmer riichtaus.

B Huelt de Bus Linn 22.

C Dir däerft net mam Auto fueren.

3. Däerf ech hei parken?

A Dir kënnt gutt parken.

B Jo, awer just mat enger Vignette.

C Nee, dat ass verbueden.

4. Wou ass déi nosten Tankstell?

A Do hannen, hannert dem Rond-point.

B Do ass de Bensin deier.

C Hei gëtt et keng Tankstell an der Géigend.

Lösung
Seite 193

5. Wou bass du?

A Ech sinn ënnerwee.

B Ech hu mech verlaf.

C Ech hunn e Plang.

Verben

ofbéien	*abbiegen*
weiderfueren	*weiterfahren*
tuten	*hupen*
däerfen	*dürfen*
sech verlafen	*sich verlaufen*

Nomen

Spillplaz, Spillplazen, f.	*Spielplatz*
Bréck, Brécken, f.	*Brücke*
Gebai, Gebaier, n.	*Gebäude*
Tunnel, Tunnellen, m.	*Tunnel*
rout Luucht, rout Luuchten, f.	*rote Ampel*
Kräizung, Kräizungen, f.	*Kreuzung*
Zebrasträifen, Zebrasträifen, m.	*Zebrastreifen*
Foussgänger, Foussgänger, m.	*Fußgänger*

Rond-point, Rond-pointen, m.	*Kreisverkehr*
Parkhaus, Parkhaiser, n.	*Parkhaus*
Parkplaz, Parkplazen, f.	*Parkplatz*
Wunnzon, Wunnzonen, f.	*Wohngebiet*
Foussgängerzon, Foussgängerzonen, f.	*Fußgängerzone*
Tankstell, Tankstellen, f.,	*Tankstelle*
Quartier, Quartieren, m.	*Stadtviertel*
Sakgaass, Sakgaassen, f.	*Sackgasse*
Gaass, Gaassen, f	*Gasse*
Wee, Weeёr, m.	*Weg*
Schёld, Schёlder, n.	*Schild*
Géigend, Géigenden, f.	*Gegend*
Zentrum, Zentrumen/Zentren, m.	*Zentrum*
Gare, Garen, f.	*Bahnhof*
Sens unique, Sens-uniquen, m.	*Einbahnstraße*
Bancomat, Bancomaten, m.	*Geldautomat*
Vignette, Vignetten, f.	*Plakette*
Plang, Pläng, m.	*Plan*
Chantier, Chantieren, m	*Baustelle*
Schantjen, Schantercher, m.	*Baustelle*

Adjektive

wäit	*weit*
no	*nah*
verbueden	*verboten*
erlaabt	*erlaubt*

Modul 19
WORTSCHATZ

ënnerwee	*unterwegs*
uewen	*oben*
ënnen	*unten*
hannen	*hinter*
vir	*vor*
no bäi	*nah*
wäit ewech	*weit entfernt*
Wéi kommen ech vun hei op/bei ...?	*Wie komme ich von hier nach ... ?*
Ech ginn iwwert d'Bréck.	*Ich gehe über die Brücke.*
Ech fueren duerch den Tunnel.	*Ich fahre durch den Tunnel.*
de Findel, m.	*Name eines Viertels und des Flughafens von Luxemburg*
Ech wunnen um Findel.	*Ich wohne in Findel.*
Ech fueren op de Findel.	*Ich fahre zum Flughafen (Findel).*
De Findel ass op 15 km.	*Der Flughafen (Findel) ist 15 km von hier.*
Bouneweg	*Bonnevoie (Stadtviertel)*

Präpositionen

A. Akkusativ, D. Dativ

iwwert (goen, ...) (A./D.)	*über(-queren)*
duerch (goen, ...) (A.)	*durch(-fahren)*
laanscht (A.)	*entlang*
ronderëm (A.)	*um ... herum*
vis-à-vis vun (D.)	*gegenüber*

Grundlagen

IHR
PUNKTE-
STAND:

SEITE 182
Ortspräpositionen
A. 1 **B** 2 **C** 3 **B** 4 **C** 5 **B** 6 **C** 7 **A** 8 **B**

SEITEN 182 - 183
Präpositionen und ihre Fälle
A. 1 **B** 2 **C** 3 **B** 4 **C** 5 **B** 6 **A** 7 **B** 8 **C**

SEITEN 183 - 184
Ortsadverbien
A. 1 **A/B** 2 **C** 3 **A/B** 4 **B** 5 **A** 6 **A/B/C** 7 **A/B** 8 **C**

SEITEN 184 - 185
Orientierungspunkte im Freien
A. 1 **B** 2 **B** 3 **A** 4 **A** 5 **B** 6 **B** 7 **C** 8 **A** 9 **B** 10 **B**

SEITE 185
Adverbien und Partikeln
A. 1 **B** 2 **B** 3 **C** 4 **A** 5 **B** 6 **B**

SEITEN 185 - 186
Auskünfte erteilen/Nach dem Weg fragen/Verkehrsinfos
A. 1 **B** 2 **C** 3 **A** 4 **C** 5 **B** 6 **C** 7 **C**

SEITE 187
Verbote
A. 1 **B** 2 **B** 3 **C** 4 **A** 5 **A** 6 **B**

SEITEN 187 - 188
Verbote und Satzstruktur
A. 1 **B** 2 **C** 3 **A** 4 **B** 5 **A**

SEITEN 188 - 190
Den Weg beschreiben oder nach dem Weg fragen
A. 1 **A** 2 **B** 3 **B** 4 **C** 5 **B**
B. 1 **A** 2 **C** 3 **A** 4 **B** 5 **C**

Sie haben zwischen 0 und 22 Punkte? Wiederholen Sie noch einmal die Aufgaben, in denen Sie Fehler gemacht haben, und schauen Sie sich die entsprechenden Stellen erneut an.
Sie haben zwischen 23 und 44 Punkte? Das könnte ein wenig besser sein. Aber nicht verzagen!
Sie haben zwischen 45 und 61 Punkte? Großartig! Analysieren Sie Ihre Fehler, und wiederholen Sie nötigenfalls die Themen, die Sie noch nicht ganz beherrschen.
Sie haben 62 Punkte oder mehr? Dir sidd wierklech tipptopp!

Fokus **Wortschatz: Körperteile und Fachärzte**

Lösung Seite 205

A. Ergänzen Sie den Begriff für den passenden Facharzt.

1. Ech hunn den Hals wéi. Ech gi bei de(n)_____.
   - Ⓐ HNO-Dokter
   - Ⓑ Orthopäd
   - Ⓒ Ouerendokter

2. Ech gesinn net gutt. Ech gi bei de(n)_____.
   - Ⓐ Ouerendokter
   - Ⓑ Gesiichtsdokter
   - Ⓒ Aendokter

3. Ech kréien e Puppelchen. Ech gi bei de(n)_____.
   - Ⓐ Kannerdokter
   - Ⓑ Männerdokter
   - Ⓒ Fraendokter

4. Ech hunn eng Erkältung. Ech gi bei de(n)_____.
   - Ⓐ Hautdokter
   - Ⓑ Hausdokter
   - Ⓒ Generaldokter

5. Mäin Hond ass krank. Ech gi bei de(n)_____.
   - Ⓐ Déierendokter
   - Ⓑ Deierendokter
   - Ⓒ Véidokter

6. Ech hunn en Ekzema. Ech gi bei de(n) _____.
   - Ⓐ Kardiolog
   - Ⓑ Hautdokter
   - Ⓒ Urolog

7. Ech brauch eng Spang. Ech gi bei de(n)_____.
   - Ⓐ Zänndokter
   - Ⓑ Veterinär
   - Ⓒ Orthopäd

8. Ech hunn ëmmer de Bauch wéi. Ech gi bei de(n)_____.
   - Ⓐ Gastroenterolog
   - Ⓑ Bauchdokter
   - Ⓒ Neurolog

B. Ergänzen Sie die fehlenden Satzteile.

1. Ech gi bei den Aendokter, wann ech _____.
   - Ⓐ eng Spang brauch
   - Ⓑ e Bröll brauch
   - Ⓒ en Houschtesirop brauch

2. Ech gi bei de Kiné, wann ech _____.

   A de Réck wéi hunn

   B eng Allergie hunn

   C Féiwer hunn

3. Ech ginn an d'Maison médicale, wann ech _____.

   A de Weekend krank ginn

   B mech langweilen

   C eng Bluttanalys maache muss

4. Ech gi bei de Kannerdokter, wa(nn) _____.

   A ech e Kand kréien

   B mäi Kand krank ass

   C ech gär e Kand hätt

5. Ech ginn an d'Urgence, wann ech _____.

   A eppes ganz vill wéi hunn

   B e Rezept fir Antibiotika brauch

   C keng Zäit fir e Rendez-vous hunn

Fokus **Unterhaltung in der Apotheke**

A. Wer spricht? Der/die Patient/-in oder der/die Apotheker/-in?

Lösung
Seite 205

1. Dat kritt Dir just op Rezept.

   A Patient/-in   **B** Apdikter/Apdiktesch

2. Dir musst dat moies, mëttes an owes huelen.

   A Patient/-in   **B** Apdikter/Apdiktesch

3. Hutt Dir eng Crème géint den Ekzema?

   A Patient/-in   **B** Apdikter/Apdiktesch

4. Wéi dacks muss ech déi Pëllen huelen?

   A Patient/-in   **B** Apdikter/Apdiktesch

5. Wéi laang hutt Dir dat schonn?

   A Patient/-in   **B** Apdikter/Apdiktesch

6. Mir hu just Packunge mat 30 Pëllen.

   A Patient/-in   **B** Apdikter/Apdiktesch

7. Rembourséiert d'Gesondheetskeess dat?

   A Patient/-in   **B** Apdikter/Apdiktesch

8. Ech brauch och nach eppes géint den Houscht.

   A Patient/-in   **B** Apdikter/Apdiktesch

Fokus **Ausdrücke und Verben mit dem Dativ**

A. Ergänzen Sie das passende Dativpronomen.

1. Ech si krank. Et geet _____ net gutt.

   A mech   **B** mir   **C** ech

2. Madame Christen, ass et _____ dacks dronken?

   A Iech   **B** dech   **C** dir

3. Claire, ass et _____ kal?

   A dech   **B** dir   **C** hir

4. D'Kanner hu Féiwer, et ass _____ waarm.

   A iech   **B** him   **C** hinne

5. Mir hun ze vill giess. Et ass _____ schlecht.

   A mir   **B** eis   **C** mech

6. Ass et _____ net ze waarm, Joanna?

   A hir   **B** dir   **C** mir

7. Mäi Réck deet _____ immens wéi.

   A mech   **B** him   **C** mir

Lösung
Seite 205

8. A wat feelt _____ dann?

   A dech   **B** mir   **C** lech

Fokus **Modalverb *sollen***

*A. Ergänzen Sie die passende Konjugationsform des Verbs **sollen**.*

1. Du _____ net sou vill Schockela iessen.

   A solles   **B** solls   **C** sälls

2. Den Dokter seet, Dir _____ all Dag Sport maachen.

   A sollt   **B** sollet   **C** séllt

3. De Paul _____ net sou vill Alkohol drénken.

   A séll   **B** sollt   **C** soll

4. _____ ech lech e Rezept fir eng Bluttanalys opschreiwen?

   A Séll   **B** Soll   **C** Sollen

5. Mir _____ elo kee Fleesch méi iessen.

   A soll   **B** solln   **C** sollen

6. D'Leit _____ sech méi beweegen a manner sëtzen.

   A séllen   **B** sollen   **C** sollt

Fokus **Modalverb *mussen***

*A. Ergänzen Sie die passende Konjugationsform des Verbs **mussen**.*

1. Dir _____ elo keng Medikamenter méi huelen.

   A musset   **B** müsst   **C** musst

2. Du _____ onbedéngt mam Kand bei den Dokter goen.

   A miss   **B** muss   **C** musses

Lösung
Seite 205

3. Wéi dacks _____ ech de Sirop huelen?

   A mussen   **B** muss   **C** miss

4. Mir _____ ëmmer laang beim Dokter waarden.

   A mussen   **B** missen   **C** müssen

5. Eisen Noper _____ an d'Klinick goen.

   A musst   **B** muss   **C** müsst

6. _____ d'Elteren hir Kanner impfe loossen?

   A Mussen   **B** Missen   **C** Müssen

Merke Die Modalverben **sollen** und **mussen** („*müssen*") drücken eine Verpflichtung aus. **Sollen** ist schwächer; es verdeutlicht eine Empfehlung oder eine moralische Notwendigkeit. Die negierte Form **net sollen** signalisiert ein Verbot (jedoch schwächer als **net däerfen**) oder einen Ratschlag. **Net mussen** verdeutlicht, dass keine Verpflichtung zu etwas besteht.

Fokus **Wortschatz: Gesundheit**

A. Welcher Begriff passt nicht zur oben angegebenen Beschreibung?

1. E Kierperdeel oder en Organ.

   A de Mo   **C** d'Sprëtz

   B d'Häerz   **D** den Daarm

2. E Medikament

   A e Stëppchen   **C** eng Sallef

   B eng Plooschter   **D** eng Pëll

3. Wat ee moosse kann

   A de Bols   **C** d'Féiwer

   B de Bluttdrock   **D** d'Gewiicht

4. Eng Blessur/Eng Verletzung

   A Ech hunn d'Been gebrach.   **C** Ech hunn de Fouss verstaucht.

   B Ech hunn de Bauch wéi.   **D** Ech hunn d'Hand verbrannt.

B. Welcher Satz entspricht dem oben angegebenen?

1. Hutt den Dokter Iech dat Medikament verschriwwen?

   A Hutt Dir eng Ordonnance vum Dokter?

   B Hutt Dir eng Iwwerweisung vum Dokter?

   C Huet den Dokter Iech e Medikament ginn?

2. Mat wat sidd Dir schonn operéiert ginn?

   A Hat Dir eng Vollnarkos fir d'Operatioun?

   B Wat fir Operatiounen hat Dir schonn?

   C Wien huet Iech operéiert?

3. Verdrot Dir Antibiotiquen?

   A Wat ass Är Meenung zu Antibiotika?

   B Huelt Dir gär Antibiotika?

   C Maacht Dir keng allergesch Reaktiounen op Antibiotika?

4. Déi Impfung musst Dir an 10 Joer erneieren.

   A Déi Impfung ass 10 Joer laang gutt.

   B Déi Impfung gëtt an 10 Joer obligatoresch.

   C Déi Impfung muss ee mat 10 Joer maachen.

5. Wat feelt Iech?

   A Wat geet net?

   B Wat braucht Dir?

   C Wat sidd Dir?

Fokus **Wortschatz: Beim Arzt**

A. Ergänzen Sie den passenden Begriff.

**Lösung
Seite 205**

1. Wat _____ Iech dann?

   A geet

   B feelt

   C deet

Lösung
Seite 205

2. Ech muss nach _____ moossen.

    A Ären Häerzschlag

    B Äert Gewiicht

    C Äre Bluttdrock

3. Äre Fouss ass net gebrach, mee _____.

    A entzünt

    B verstaucht

    C allergesch

4. Sidd Dir géint d'Riedele(n) _____?

    A infizéiert

    B immun

    C geimpft

5. Ech _____ déi Pëllen net, et gëtt mir ëmmer schlecht dovun.

    A verdroen

    B verschreiwen

    C verkafen

6. Ech muss lech nach _____, dot wgl. Är Blus aus.

    A verbannen

    B ënnersichen

    C ofhuelen

Fokus | **Wortschatz: Im Krankenhaus**

A. Ergänzen Sie den passenden Begriff.

Lösung
Seite 205

1. Wien ass Ären _____?

    Ⓐ Chauffeur

    Ⓑ Hausdokter

    Ⓒ Responsabelen

---

2. Hutt Dir _____ vun der Sécurité sociale dobäi?

    Ⓐ d'Käertche

    Ⓑ d'Vignette

    Ⓒ d'Umeldung

---

3. Hutt Dir eng _____ vun Ärem Hausdokter?

    Ⓐ Visittekaart

    Ⓑ Recommandatioun

    Ⓒ Iwwerweisung

---

4. Dir musst nach an _____ goen.

    Ⓐ d'Cafeteria

    Ⓑ d'Röntgen

    Ⓒ d'Wäschkiche

---

5. Äre Mann läit nach _____.

    Ⓐ op der Intensivstatioun

    Ⓑ an der Salle d'accouchement

    Ⓒ am Labo

Verben

mussen	*müssen*
sollen	*sollen*
ënnersichen	*untersuchen*
houschten	*husten*
wéi hunn	*Schmerzen haben*
verschreiwen	*verschreiben*
opschreiwen	*aufschreiben; verordnen*
moossen	*messen*
impfen	*impfen*
feelen	*fehlen*
rembourséieren	*erstatten*
sech beweegen	*sich bewegen*
briechen	*brechen*
verdroen	*vertragen*
verbannen	*verbinden*
ofhuelen	*abnehmen*
zouhuelen	*zunehmen*

Nomen

Ordonnance, Ordonnancen, f.	*Rezept*
Rezept, Rezepter, n.	*Rezept*
Iwwerweisung, Iwwerweisungen, f.	*Überweisung*
Dokter*, m.	*Doktor, Arzt*
*Sämtliche Zusammensetzungen mit **Dokter** werden auf dieselbe Weise dekliniert (Plural **Dokteren**, Femininum **Doktesch**, Pl. **Dokteschen**)	
Hals-Nuesen-Ouerendokter (HNO)	*Hals-Nasen-Ohren-Arzt*
Aendokter	*Augenarzt*
Fraendokter	*Gynäkologe*
Kannerdokter	*Kinderarzt*
Hausdokter	*Hausarzt, Allgemeinmediziner*
Hautdokter	*Hautarzt*

Dermatolog, Dermatologen, m.	*Dermatologe*
Kiné, Kinéen, m.	*Physiotherapeut*
Orthopäd, Orthopäden, m.	*Orthopäde*
Déierendokter/Véidokter	*Tierarzt/Tierarzt für Groß- und Nutztiere*
Veterinär, Veterinären, m.	*Tierarzt*
Zänndokter	*Zahnarzt*
Gastroenterolog, Gastroenterologen, m.	*Gastroenterologe*
Urolog, Urologen, m.	*Urologe*
Neurolog, Neurologen, m.	*Neurologe*
Orthodontist, Orthodontisten, m.	*Kieferorthopäde*
Spang, Spangen, f.	*Zahnspange*
Brëll, Brëller, m.	*Brille*
Sirop, Siropen, m.	*Sirup*
Pëll, Pëllen, f.	*Pille*
Stëppchen, Stëppercher, m.	*Zäpfchen*
Sallef, Sallefen, f.	*Salbe*
Plooschter, Plooschteren, f.	*Pflaster*
Allergie, Allergien, f.	*Allergie*
Féiwer, n.	*Fieber*
Bluttanalys, Bluttanalysen, f.	*Blutbild, Blutuntersuchung*
Mo, Mee, m.	*Magen*
Häerz, Häerzer, n.	*Herz*
Daarm, Däerm, m.	*Darm*
Sprëtz, Sprëtzen, f.	*Spritze*
Maison medicale, Maison-medicallen, f.	*Allgemeinmedizinischer Notdienst*
Urgence, Urgencen, f.	*Notaufnahme*
Bols, m.	*Puls*
Bluttdrock, m.	*Blutdruck*
Gewiicht, Gewiichter, n.	*Gewicht*

Häerzschlag, Häerzschléi, m.	*Herzschlag*
Vollnarkos, Vollnarkosen, f.	*Vollnarkose*
Impfung, Impfungen, f.	*Impfung*
Käertchen, Käertercher, f.	*Kärtchen*
Röntgen, f.	*Röntgen*
Intensivstatioun, Intensivstatiounen, f.	*Intensivstation*
Labo, Laboen, m.	*Labor*

Adjektive

gebrach	*gebrochen*
verstaucht	*verstaucht*
verbrannt	*verbrannt*
entzünt	*entzündet*
allergesch	*allergisch*
geimpft	*geimpft*

Wendungen/Adverbien/Wichtige Ausdrücke

Mit dem Dativ

Et ass mir kal	*Mir ist kalt.*
Et ass mir waarm	*Mir ist warm.*
Et ass mir dronken	*Mir ist schwindelig.*
Et ass mir schlecht	*Mir ist schlecht.*
Et ass mir net gutt	*Ich fühle mich nicht gut.*
onbedéngt	*unbedingt*

Grundlagen

SEITEN 194 - 195
Wortschatz: Körperteile und Fachärzte
A. 1 **A** 2 **C** 3 **C** 4 **B** 5 **A** 6 **B** 7 **A** 8 **A**
B. 1 **B** 2 **A** 3 **A** 4 **B** 5 **A**

SEITEN 195 - 196
Unterhaltung in der Apotheke
A. 1 **B** 2 **B** 3 **A** 4 **A** 5 **B** 6 **B** 7 **A** 8 **A**

SEITEN 196 - 197
Ausdrücke und Verben mit dem Dativ
A. 1 **B** 2 **A** 3 **B** 4 **C** 5 **B** 6 **B** 7 **C** 8 **C**

SEITE 197
Modalverb **sollen**
A. 1 **B** 2 **A** 3 **C** 4 **B** 5 **C** 6 **B**

SEITEN 197 - 198
Modalverb **mussen**
A. 1 **C** 2 **B** 3 **B** 4 **A** 5 **B** 6 **A**

SEITEN 198 - 199
Wortschatz: Gesundheit
A. 1 **C** 2 **B** 3 **D** 4 **B**
B. 1 **A** 2 **B** 3 **C** 4 **A** 5 **A**

SEITEN 199 - 200
Wortschatz: Beim Arzt
A. 1 **B** 2 **C** 3 **B** 4 **C** 5 **A** 6 **B**

SEITE 201
Wortschatz: Im Krankenhaus
A. 1 **B** 2 **A** 3 **C** 4 **B** 5 **A**

Sie haben zwischen 0 und 19 Punkte? Wiederholen Sie noch einmal die Aufgaben, in denen Sie Fehler gemacht haben, und schauen Sie sich die entsprechenden Stellen erneut an.

Sie haben zwischen 20 und 39 Punkte? Das könnte ein wenig besser sein. Aber nicht verzagen!

Sie haben zwischen 40 und 54 Punkte? Großartig! Analysieren Sie Ihre Fehler, und wiederholen Sie nötigenfalls die Themen, die Sie noch nicht ganz beherrschen.

Sie haben 55 Punkte oder mehr? Dir sidd wierklech tipptopp!

Fokus **Attributive Adjektive**

A. Ergänzen Sie die passende Deklinationsform des Adjektivs im Nominativ.

Lösung
Seite 213

1. Meng Schwëster ass eng _____ Persoun.

   A léiwe   **B** léif   **C** léift   **D** léiwen

2. Eise Chef ass e ganz _____ Mënsch.

   A sym-patheschen   **B** sympathesch   **C** sym-pathescht   **D** sym-pathesche

3. Deng Tatta ass eng _____ Madame.

   A eleganten   **B** elegante   **C** elegant   **D** eleganter

4. D'Lucie ass en immens _____ Kand.

   A schei   **B** scheit   **C** scheie   **D** scheien

5. Eis Nopere si mega _____ Leit.

   A virwëtzege   **B** virwëtzeger   **C** virwëtzeg   **D** virwëtzegt

B. Ergänzen Sie die passende Deklinationsform des Adjektivs im Akkusativ.

1. Kennt Dir dee _____ Här do?

   A schicke   **B** schicken   **C** schick   **D** schicker

2. Hues du déi _____ Kanner do gesinn?

   A knaschteg   **B** knaschtege   **C** knaschtegt   **D** knaschte-gen

3. Wéi fënns du dat _____ Léiermeedchen?

   A nei   **B** neien   **C** neie   **D** neit

4. Häss du gär e _____ Chef?

   A granzeg   **B** granzege   **C** granzegen   **D** granzegt

5. Ech fannen eis _____ Mataarbechterin ganz sympathesch.

- **A** nei
- **B** neien
- **C** neit
- **D** neier

C. Ergänzen Sie die passende Deklinationsform des Adjektivs im Dativ.

1. Hues du eppes vu menger _____ Nopesch héieren?

- **A** al
- **B** alen
- **C** aler
- **D** aalt

2. Ech schaffen net gär mat engem _____ Kolleeg.

- **A** onpünktle-chem
- **B** onpünkt-leche
- **C** onpünktlech
- **D** onpünkt-lechen

3. Mat dësen _____ Mataarbechter ass et agreabel ze schaffen.

- **A** éiergäizegen
- **B** éiergäize-ge
- **C** éiergäizegem
- **D** éiergäize-ger

4. Wat hutt Dir zu Ärem _____ Meedche gesot?

- **A** frecht
- **B** frechen
- **C** freche
- **D** frech

5. D'Sarah gëtt deem _____ Mann seng Telefonsnummer.

- **A** interessanter
- **B** interes-santem
- **C** interessante
- **D** interes-santen

D. Ergänzen Sie die passende Deklinationsform des Adjektivs ohne Artikel.

Lösung Seite 213

1. Dee Wäin passt gutt bei _____ Fleesch.

- **A** roudem
- **B** routem
- **C** rout
- **D** route

2. Mat _____ Mo schafft een net gutt.

- **A** eideler
- **B** eidelem
- **C** eidele
- **D** eidelen

3. Wéinst _____ Schnéi ass d'Autobunn gespaart.

- **A** staarkem
- **B** staarker
- **C** staarke
- **D** staarkt

Lösung
Seite 213

4. Mat _____ Mëllech schmaacht de Kaffi nach besser.

   Ⓐ waarmer   Ⓑ waarm   Ⓒ waarme   Ⓓ waarmen

5. _____ Uebst ass ganz gesond.

   Ⓐ Fräschen   Ⓑ Fräschem   Ⓒ Fräscher   Ⓓ Fräscht

> **Merke** Das attributive Adjektiv - es steht immer vor dem Nomen - gleicht sich in Genus und Numerus an dieses an. Beachten Sie die **n**-Regel! Oft wird den attributiven Adjektiven das Demonstrativpronomen (**deen, déi, dat, déi**) anstelle des bestimmten Artikels (**den, d', d', d'**) vorangestellt. Die Form des Adjektivs bleibt unabhängig vom verwendeten Artikel unverändert: **de klenge Mann** *„der kleine Mann"*, **e klenge Mann** *„ein kleiner Mann"*.

E. Ergänzen Sie die passende Deklinationsform des Adjektivs.

1. Mat _____ Leit ass et agreabel ze schaffen.

   Ⓐ fläisseg   Ⓑ fläissege   Ⓒ fläissegen   Ⓓ fläisseger

2. Firwat dees du deen _____ Pullover un?

   Ⓐ almoude-schem   Ⓑ almoude-schen   Ⓒ almoude-sche   Ⓓ almou-desch

3. Däi _____ Hiem geet dir immens gutt.

   Ⓐ groen   Ⓑ groe   Ⓒ groem   Ⓓ grot

4. Wëlls du dës _____ Fra kenne léieren?

   Ⓐ léift   Ⓑ léiwe   Ⓒ léiwer   Ⓓ léif

5. Fir déi Aarbecht brauche mir e _____ Mann.

   Ⓐ staarker   Ⓑ staarken   Ⓒ staarke   Ⓓ staarkem

6. Déi Jupe passt gutt bei eng _____ Blus.

   Ⓐ klassescher   Ⓑ klassesch   Ⓒ klasseschen   Ⓓ klassesche

7. Mat enger _____ Equipe ass gutt schaffen.

   Ⓐ motivéiertem   Ⓑ motivéierter   Ⓒ motivéiert   Ⓓ moti-véierten

8. Hues du scho vun deem _____ Direkter héieren?

   Ⓐ neiem   Ⓑ neie   Ⓒ neien   Ⓓ nei

9. Ech drénken net gär aus engem _____ Becher.

   A metallene   **B** metalle   **C** metallenem   **D** metallener

10. D'Nopesch schwätzt ganz schlecht iwwert hire_____ Mann.

   A fréieren   **B** fréierem   **C** fréier   **D** fréie

Fokus | **Wortschatz: Personenbeschreibungen – Gefühle und Charakter** | *Lösung Seite 213*

A. Welcher Begriff passt nicht zu den anderen positiven Eigenschaften?

1. Mäin neie Kolleeg ass _____.

   A flott   **B** generéis   **C** liddereg

2. Ass Är nei Mataarbechterin dacks _____?

   A pünktlech   **B** granzeg   **C** hëllefsbereet

3. Eis Nopere sinn immens _____.

   A virwëtzeg   **B** uerdentlech   **C** éierlech

4. Ech hunn net gär Leit, déi _____ sinn.

   A schei   **B** knéckeg   **C** fläisseg

5. De Philippe ass an der leschter Zäit ëmmer esou _____.

   A interessant   **B** jalous   **C** elegant

B. Welcher Begriff passt nicht zu den anderen negativen Eigenschaften?

1. Mir sichen eng _____ Mataarbechterin.

   A liddereg   **B** fläisseg   **C** virwëtzeg

2. Mir hu Chance, eis Nopere sinn immens _____.

   A hëllefsbereet   **B** ontolerant   **C** knaschteg

3. Op menger Aarbecht sinn immens vill _____ Leit.

   A onuerdentlech   **B** éiergäizeg   **C** neidesch

Lösung
Seite 213

4. Ech versti mech gutt mat Leit, déi _____ sinn.

   A onéierlech   **B** onfrëndlech   **C** onkomplizéiert

5. Wat hutt Dir awer _____ Kanner!

   A komesch   **B** frech   **C** brav

C. Ergänzen Sie das Gegenteil des unterstrichenen Adjektivs.

1. Hien ass net <u>fläisseg</u>, hien ass _____.

   A éiergäizeg   **B** onfläisseg   **C** liddereg

2. Si ass net <u>schéin</u>, si ass _____.

   A onschéin   **B** ellen   **C** flott

3. Mir sinn net <u>pünktlech</u>, mir sinn_____.

   A onpünktlech   **B** zäitlech   **C** uerdentlech

4. Ass de Film <u>interessant</u> oder _____?

   A liddereg   **B** langweileg   **C** oninteressant

5. Déi Leit sinn net <u>generéis</u>, si si _____.

   A schei   **B** knéckeg   **C** ongeneréis

6. Fëmmen ass net <u>gesond</u>, dat ass _____.

   A krank   **B** frësch   **C** ongesond

> **Merke** Oft wird das Gegenteil eines Adjektivs durch Voranstellen von **on-** gebildet, wie z. B. bei **sécher** („*sicher*") → **onsécher** („*unsicher*").

D. Ergänzen Sie das passende Adjektiv.

1. Eng Persoun, déi net gär Suen ausgëtt, ass _____.

   A knaschteg   **B** knéckeg   **C** knoutereg

2. Eng Persoun, déi vill Ambitiounen huet, ass _____.

   A ambivalent   **B** éiergäizeg   **C** éierlech

3. Eng Persoun, déi net vill an net gär schafft, ass _____.

  A liddereg   **B** langweileg   **C** lëschteg

4. Eng Persoun, déi vill fir anerer mécht, ass _____.

  A fläisseg   **B** tolerant   **C** hëllefsbereet

5. Eng Persoun, déi ëmmer alles wësse wëllt, ass_____.

  A intelligent   **B** virwëtzeg   **C** couragéiert

E. Welche Definition passt zu dem unterstrichenen Adjektiv?

Lösung
Seite 213

1. D'Clara ass immens <u>schei</u>.

  A Hatt schafft ganz vill.

  B Hatt ass ganz flott.

  C Hatt huet net gär Kontakt mat Leit.

2. De Chris ass ganz <u>uerdentlech</u>.

  A Hie raumt ëmmer seng Saachen.

  B Hie kënnt ëmmer mat Zäit.

  C Hie seet ëmmer Moien.

3. D'Sarah ass immens <u>héiflech</u>.

  A Hatt weess immens vill.

  B Hatt huet gutt Manéieren.

  C Hatt kuckt sech gär am Spigel.

4. Den Daniel ass ganz <u>virwëtzeg</u>.

  A Hie geet gär eraus.

  B Hie mécht dacks Witzer.

  C Hie wëllt ëmmer alles wëssen.

5. D'Lydie ass zimlech <u>liddereg</u>.

  A Hatt schafft net gär.

  B Hatt ka gutt sangen.

  C Hatt gëtt net gär Suen aus.

Modul 21
WORTSCHATZ

Adjektive/Adverbien

éiergäizeg	*ehrgeizig*
éierlech	*ehrlich*
ellen	*hässlich*
flott	*hübsch*
frech	*frech*
generéis	*großzügig*
gesond	*gesund*
hëllefsbereet	*hilfsbereit*
jalous	*eifersüchtig*
knaschteg	*schmutzig*
knéckeg	*geizig*
krank	*krank*
langweileg	*langweilig*
léif	*lieb*
liddereg	*faul*
ongesond	*ungesund*
pünktlech	*pünktlich*
schei	*schüchtern*
schick	*schick*
staark	*stark*
sympathesch	*sympathisch*
virwëtzeg	*neugierig*

Artikel

deen, déi, dat, déi	Bestimmter Artikel oder Demonstrativartikel: *der, die, das; die (Pl.)/dieser, diese, dieses; diese (Pl.)*
den, d', d', d'	Bestimmter Artikel: *der, die, das; die (Pl.)*
en, eng, en	Unbestimmter Artikel: *ein, eine; einige, mehrere*
dësen, dës, dëst, dës	Demonstrativartikel: *dieser, diese, dieses; diese (Pl.)*

Grundlagen

SEITEN 206 - 209

Attributive Adjektive

A. 1 **B** 2 **D** 3 **C** 4 **B** 5 **C**

B. 1 **B** 2 **A** 3 **D** 4 **B** 5 **A**

C. 1 **C** 2 **B** 3 **B** 4 **C** 5 **C**

D. 1 **C** 2 **B** 3 **A** 4 **A** 5 **D**

E. 1 **B** 2 **C** 3 **D** 4 **D** 5 **C** 6 **B** 7 **B** 8 **C** 9 **A** 10 **D**

. . . .

SEITEN 209 - 211

Wortschatz: Personenbeschreibungen – Gefühle und Charakter

A. 1 **C** 2 **B** 3 **A** 4 **B** 5 **B**

B. 1 **B** 2 **A** 3 **B** 4 **C** 5 **C**

C. 1 **C** 2 **B** 3 **A** 4 **B** 5 **B** 6 **C**

D. 1 **B** 2 **B** 3 **A** 4 **C** 5 **B**

E. 1 **C** 2 **A** 3 **B** 4 **C** 5 **A**

Sie haben zwischen 0 und 18 Punkte? Wiederholen Sie noch einmal die Aufgaben, in denen Sie Fehler gemacht haben, und schauen Sie sich die entsprechenden Stellen erneut an.

Sie haben zwischen 19 und 36 Punkte? Das könnte ein wenig besser sein. Aber nicht verzagen!

Sie haben zwischen 37 und 50 Punkte? Großartig! Analysieren Sie Ihre Fehler, und wiederholen Sie nötigenfalls die Themen, die Sie noch nicht ganz beherrschen.

Sie haben 51 Punkte oder mehr? Dir sidd wierklech tipptopp!

Fokus **Verben und ihre Präpositionen**

A. Ergänzen Sie die passende Kombination aus Präposition und Artikel.

**Lösung
Seite 221**

1. D'Educatrice këmmert sech _____ Kanner.

   A ëm de   B fir de   C ëm d'   D vun der

2. An der Reunioun schwätze mir _____ Problemer mat de Schüler.

   A iwwert de   B iwwert d'   C vun dem   D vun der

3. Deng Notten hänke vill _____ Proff of.

   A mat dem   B vun dem   C iwwert de   D op dem

4. Fir eis Feier rechne mir och _____ Direkter.

   A mat eiser   B mat eisem   C vun eisen   D op eisen

5. Mir mussen eis _____ neie System gewinnen.

   A un den   B an den   C op den   D iwwert den

B. Ergänzen Sie die passende Präposition.

1. Ech denken dacks _____ meng Schoulzäit.

   A a(n)   B op   C u(n)   D vu(n)

2. Erënners du dech _____ deng Léierin?

   A op   B vu(n)   C iwwert   D u(n)

3. Mir freeën eis immens _____ déi nächst Vakanz.

   A iwwert   B op   C an   D vun

4. _____ wat solle mir am Cours schwätzen?

   A Iwwert   B Mat   C Op   D Bei

5. D'Schüler interesséiere sech _____ vill Fächer.

   A u(n)   B fir   C mat   D iwwert

C. Ergänzen Sie den passenden Artikel im korrekten Genus und Numerus.

1. Ech schwätzen net gär iwwert _____ leschten Test.

   A de   **B** dat   **C** dem   **D** der

2. Heiansdo denke mir un _____ flott Schoulzäit.

   A eise   **B** eis   **C** eisem   **D** eist

3. Wat verstees du ënner _____ positive Feedback?

   A enger   **B** eng   **C** e   **D** engem

4. D'Schüler waarden elo schonn eng Stonn op _____ Proff.

   A hirer   **B** hir   **C** hire   **D** hirem

5. D'Schülerin freet sech iwwert _____ gutt Resultat.

   A hiert   **B** säi   **C** seng   **D** hirem

Merke Lernen Sie die Struktur Verb + Präposition + Genus möglichst auswendig.

Fokus **Adjektive und ihre Präpositionen**

A. Ergänzen Sie die passende Präposition.

Lösung
Seite 221

1. D'Eltere si ganz houfreg _____ hir Kanner.

   A fir   **B** op   **C** mat   **D** vun

2. Sidd Dir zefridde _____ dem Service hei?

   A mat   **B** iwwert   **C** fir   **D** op

3. Wien ass hei responsabel _____ d'Sécherheet?

   A op   **B** fir   **C** mat   **D** vun

4. Mir sinn net ëmmer averstan _____ deenen anere Proffen.

   A iwwert   **B** vun   **C** mat   **D** an

5. Den Här an d'Madame Melchior si ganz frou _____ hire Choix.

   A op   **B** iwwert   **C** mat   **D** vun

Modul 22
GRUNDLAGEN

Lösung
Seite 221

B. Ergänzen Sie das passende Adjektiv.

1. Vill Schüler sinn net un de Wëssenschaften _____.

   A engagéiert   **B** responsabel   **C** interesséiert   **D** averstan

2. Du hues gutt Notten, du kanns _____ op dech sinn!

   A frou   **B** zefridden   **C** fréndlech   **D** stolz

3. Meng Kanner si(nn) _____ vun hirem Handy, si kënnen net ouni Handy liewen!

   A responsabel   **B** zefridden   **C** ofhängeg   **D** houfreg

4. D'Proffe si ganz _____ mat der neier Schülerin, si schafft ganz gutt.

   A ofhängeg   **B** rose   **C** zefridde   **D** stolz

5. Firwat sidd Dir net _____ mat Äre Kolleegen?

   A fréndlech   **B** interesséiert   **C** houfreg   **D** responsabel

C. Ergänzen Sie den passenden Artikel im korrekten Genus und Numerus.

1. Ech sinn net averstan mat _____ Reform.

   A dem   **B** de   **C** d'   **D** der

2. Dir kënnt wierklech houfreg iwwert _____ Resultater sinn.

   A Äre   **B** Äert   **C** Är   **D** Ärem

3. Sidd Dir un _____ Gespréich mam Direkter interesséiert?

   A e   **B** eng   **C** engem   **D** enger

4. D'Reussite vun de Schüler ass zum Deel ofhängeg vun _____ Proffen.

   A d'   **B** dem   **C** der   **D** de

5. Déi meescht Eltere si ganz zefridde mat _____ Resultater vun hire Kanner.

   A dem   **B** de   **C** der   **D** d'

Fokus **Possessiver Dativ**

A. Ergänzen Sie die passende Kombination der Possessivadjektive.

1. _____ Nina _____ Léierin ass ganz kompetent.
   - **A** Dem/säi
   - **B** Der/hir
   - **C** Dem/seng
   - **D** Dem/hir

2. _____ Ben _____ Schoulmeeschter hëllef him vill.
   - **A** Dem/säi
   - **B** Dem/seng
   - **C** Dem/sengem
   - **D** De/säi

3. _____ Léierin _____ Kompetenze sinn déi bescht.
   - **A** Der/säi
   - **B** Dem/säi
   - **C** Der/hire
   - **D** Der/hir

4. Mir ginn an _____ Direkter _____ Büro fir den Entretien.
   - **A** der/hire
   - **B** dem/seng
   - **C** den/sengem
   - **D** dem/säi

5. D'Elteren interesséiere sech fir _____ Kanner _____ Progrèsen.
   - **A** dem/seng
   - **B** dem/hir
   - **C** de/hir
   - **D** der/hire

Lösung
Seite 221

B. Ergänzen Sie die passende Kombination der Possessivadjektive.

1. D'Resultater hänke vun _____ Kanner _____ Efforten of.
   - **A** de/sengen
   - **B** d'/sengen
   - **C** de/hiren
   - **D** de/hir

2. De Mathésproff schwätzt mat _____ Schülerin _____ Elteren.
   - **A** der/hiren
   - **B** der/sengen
   - **C** de/seng
   - **D** de/hir

3. D'Psychologin hëllef _____ Madame Tessier _____ Duechter.
   - **A** d'/hir
   - **B** der/hir
   - **C** der/hirer
   - **D** der/senger

4. Mir si ganz zefridde mat _____ Studenten _____ Resultater.
   - **A** de/senge
   - **B** de/hire
   - **C** der/hirer
   - **D** der/senger

5. D'Studente rechne mat _____ Direktesch _____ Demissioun.
   - **A** dem/senger
   - **B** der/seng
   - **C** der/hirer
   - **D** dem/hir

> **Merke** Das erste Element (bestimmter/unbestimmter Artikel, Demonstrativ- oder Pos-
> sessivadjektiv) steht immer im Dativ und gleicht sich in Genus und Numerus an das Be-
> zugswort an. Das zweite Element, das immer ein Possessivadjektiv in der 3. Person (m., f.,
> n., Sg., Pl.) ist, richtet sich in Genus und Numerus nach dem ersten Element und wird je nach
> Funktion im Satz im Nominativ, Akkusativ oder Dativ dekliniert.

C. Ergänzen Sie das passende Präpositionalpronomen.

1. De Service ass ganz gutt, ech si ganz zefridden _____.

   A doromat **B** mat dat **C** domat **D** dormat

2. D'Diskussioun war net schlecht, mee ech interesséiere mech net
   _____.

   A dovun **B** dofir **C** vun deem **D** fir dat

3. Ech halen op mat fëmmen, ech wëll net ofhängeg _____ sinn.

   A domat **B** dofir **C** dovu(n) **D** doru(n)

4. Muer fänkt d'Vakanz un, ech freeë mech immens _____.

   A dorun **B** iwwert do **C** dop **D** dorop

5. Meng Schoulzäit war immens flott; ech denken dacks _____.

   A dran **B** drun **C** un do **D** op dat

> **Merke** Bei den Präpositionen, die mit Vokal beginnen, setzt sich das Präpositionalprono-
> men aus **dr** + Präposition oder **dor** + Präposition zusammen (z. B. **op → drop/dorop**). Diese
> Pronomen werden nur für Gegenstände, nicht für Personen, benutzt.

*D. Welche Frage passt zu der angegebenen Antwort? Es sind mehrere
Antworten möglich!*

Lösung
Seite 221

1. D'Kanner freeë sech op d'Vakanz.

   A Op wat freeën d'Kanner sech?

   B Wat freeën d'Kanner sech op?

   C Wie freet sech op d'Vakanz?

2. Dem Lisa seng Mamm schwätzt mam Direkter.

Lösung
Seite 221

 A Wie schwätzt mam Direkter?

 B Mat wiem schwätzt si?

 C Wiem seng Mamm schwätzt mam Direkter?

3. Hien interesséiert sech net fir Mathé.

 A Wat interesséiert sech de Maxime?

 B Firwat interesséiert sech de Maxime net fir Mathé?

 C Fir wat interesséiert sech de Maxime net?

4. Jo, mir si ganz houfreg drop.

 A Op wat sidd dir houfreg?

 B Sidd Dir houfreg op Är Kanner?

 C Sidd Dir houfreg op Är Resultater?

5. Dat hänkt dovun of.

 A Wat wëlls du studéieren?

 B Firwat häls du op mat fëmmen?

 C Gees du haut spadséieren?

Verben

sech këmmeren ëm + Akkusativ	*sich um … kümmern*
schwätzen iwwert + Akkusativ	*über … sprechen*
schwätze vun + Dativ	*von … sprechen*
schwätze mat + Dativ	*mit … sprechen*
ofhänke vun + Dativ	*von … abhängen*
rechne mat + Dativ	*mit … rechnen*
sech gewinnen un + Akkusativ	*sich an … gewöhnen*
denken un + Akkusativ	*an … denken*

sech erënneren un + Akkusativ	*sich an ... erinnern*
sech freeën op + Akkusativ	*sich auf ... freuen*
sech freeën iwwert + Akkusativ	*sich über ... freuen*
sech interesséiere fir + Akkusativ	*sich für ... interessieren*
verstoen ënnert + Dat.	*etwas unter ... verstehen*
waarden op + Akkusativ	*auf ... warten*

Adjektive/Adverbien

houfreg iwwert/op + Akkusativ	*stolz auf*
stolz op + Akkusativ	*stolz auf*
zefridde mat + Dativ	*zufrieden mit*
responsabel fir + Akkusativ	*verantwortlich für*
averstan mat + Dativ	*einverstanden mit*
frou iwwert + Akk. / mat + Dativ	*froh über*
ofhängeg vun + Dativ	*abhängig von*
interesséiert un + Akkusativ	*interessiert an*

Grundlagen

IHR
PUNKTE-
STAND:

SEITEN 214 - 215
Verben und ihre Präpositionen
A. 1 **C** 2 **B** 3 **B** 4 **B** 5 **A**
B. 1 **C** 2 **D** 3 **B** 4 **A** 5 **B**
C. 1 **A** 2 **B** 3 **D** 4 **C** 5 **A**

SEITEN 215 - 216
Adjektive und ihre Präpositionen
A. 1 **B** 2 **A** 3 **B** 4 **C** 5 **B**
B. 1 **C** 2 **D** 3 **C** 4 **C** 5 **A**
C. 1 **D** 2 **C** 3 **C** 4 **D** 5 **B**

SEITEN 217 - 219
Possessiver Dativ
A. 1 **C** 2 **A** 3 **D** 4 **D** 5 **C**
B. 1 **C** 2 **A** 3 **C** 4 **B** 5 **C**
C. 1 **C** 2 **B** 3 **C** 4 **D** 5 **B**
D. 1 **A/C** 2 **A/B/C** 3 **C** 4 **C** 5 **A/C**

Sie haben zwischen 0 und 15 Punkte? Wiederholen Sie noch einmal die Aufgaben, in denen Sie
Fehler gemacht haben, und schauen Sie sich die entsprechenden Stellen erneut an.
Sie haben zwischen 16 und 32 Punkte? Das könnte ein wenig besser sein. Aber nicht verzagen!
Sie haben zwischen 33 und 44 Punkte? Großartig! Analysieren Sie Ihre Fehler, und wiederholen
Sie nötigenfalls die Themen, die Sie noch nicht ganz beherrschen.
Sie haben 45 Punkte oder mehr? Dir sidd wierklech tipptopp!

Fokus **Modalverben**

A. Welches Modalverb drückt das gleiche aus wie der unterstrichene Satzteil?

Lösung
Seite 230

1. Et ass verbueden ze fëmmen.
   - **A** däerfen
   - **B** mussen
   - **C** net däerfen
   - **D** net mussen

2. Mir brauche sonndes net ze schaffen.
   - **A** net mussen
   - **B** net däerfen
   - **C** net kënnen
   - **D** mussen

3. Et ass obligoresch, d'Kanner unzemellen.
   - **A** sollen
   - **B** däerfen
   - **C** mussen
   - **D** kënnen

4. Et ass besser, wann d'Kanner eng Mëttesrascht maachen.
   - **A** mussen
   - **B** net däerfen
   - **C** sollen
   - **D** net sollen

5. De Kanner ass et erlaabt, nom lessen en Dessert ze iessen.
   - **A** sollen
   - **B** net sollen
   - **C** mussen
   - **D** däerfen

6. Ass et méiglech, d'Kanner um 10 Auer an d'Crèche ze bréngen?
   - **A** sollen
   - **B** däerfen
   - **C** net mussen
   - **D** kënnen

7. Ech géif och gär eng Kéier éischter heemgoen.
   - **A** mussen
   - **B** net däerfen
   - **C** wëllen
   - **D** däerfen

B. Ergänzen Sie die passende Konjugationsform des Modalverbs im Präsens.

1. _____ Dir d'Kanner an d'Schoul siche goen?
   - **A** Musst
   - **B** Misst
   - **C** Müsst
   - **D** Muss

2. Um wéi vill Auer _____ du hei sinn?
   - **A** kënns
   - **B** kanns
   - **C** konns
   - **D** kannt

3. Mir _____ net mat de Schong an d'Schlofkummer goen.
   - **A** däerf
   - **B** däerft
   - **C** däerfen
   - **D** däerfsten

4. D'Kanner _____ nom lessen eng Mëttesrascht halen.

   A missen   **B** mussen   **C** musst   **D** muss

5. _____ Dir haut e bësse méi spéit kommen?

   A Kommt   **B** Kannt   **C** Konnt   **D** Kënnt

6. D'Anna _____ säin Uebst net iessen.

   A woll   **B** wëllen   **C** wollt   **D** wëllt

C. Ergänzen Sie die passende Konjugationsform des Modalverbs.
Es sind mehrere Antworten möglich!

Lösung Seite 230

1. De Pit _____ onbedéngt schwamme léieren.

   A kann   **B** muss   **C** soll   **D** wëll

2. Hei _____ mir net an d'Waasser goen, dat ass ze geféierlech.

   A däerfe   **B** wëlle   **C** solle   **D** kënne

3. Ech _____ elo leider net mat dir schwätzen, ech hu keng Zäit.

   A wëll   **B** muss   **C** kann   **D** soll

4. Du _____ manner Chipsen iessen, dat ass net gutt fir deng Gesondheet.

   A kanns   **B** muss   **C** solls   **D** däerfs

5. An der Crèche _____ d'Kanner keng Tëlee kucken.

   A sollen   **B** kënnen   **C** mussen   **D** däerfen

Merke Vorsicht bei wörtlichen Übersetzungen:
„*ich soll*" **ech muss**, aber „*ich soll nicht*" → **ech däerf net!**
mussen: „*müssen*" – **net mussen:** „*nicht müssen*"
däerfen: „*dürfen; das Recht/die Erlaubnis haben*" – **net däerfen:** „*nicht dürfen*"

Modul 23
GRUNDLAGEN

Lösung
Seite 230

D. Welchem Verb im Infinitiv entspricht das unterstrichene konjugierte Verb?

1. Haut <u>kënnt</u> d'Anna bei eis spillen.

   Ⓐ kommen   Ⓑ kënnen   Ⓒ kennen

2. <u>Kennt</u> Dir eng gutt Crèche hei an der Géigend?

   Ⓐ kommen   Ⓑ kënnen   Ⓒ kennen

3. Du <u>kanns gär</u> den Owend bei mir d'Tëlee kucken.

   Ⓐ kommen   Ⓑ kënnen   Ⓒ kennen

4. Dir <u>kënnt</u> am Sproochenzentrum den Test maachen.

   Ⓐ kommen   Ⓑ kënnen   Ⓒ kennen

5. <u>Kënns</u> du deng Kanner um 6 Auer sichen?

   Ⓐ kommen   Ⓑ kënnen   Ⓒ kennen

*E. Ergänzen Sie die passende Konjugationsform der Verben **kommen**, **kënnen** bzw. **kennen**.*

1. De Sven weess nach net, ob hien op d'Party komme _____.

   Ⓐ kënnt   Ⓑ kann   Ⓒ kannt   Ⓓ kommt

2. _____ Dir scho vill Leit hei?

   Ⓐ Kannt   Ⓑ Kommt   Ⓒ Kënnt   Ⓓ Kennt

3. _____ Dir mir soen, wéini Dir hei sidd?

   Ⓐ Kanns   Ⓑ Kënnt   Ⓒ Kannt   Ⓓ Kommt

4. D'Lena _____ d'nächst Joer an de Precoce.

   Ⓐ kannt   Ⓑ kommt   Ⓒ kenns   Ⓓ kënnt

5. Hatt _____ schonn e puer Kanner aus der Crèche.

   Ⓐ kann   Ⓑ kënnt   Ⓒ kennt   Ⓓ kanner

Merke Die Verben **kommen**, **kennen** und **kënnen** haben im Präsens sehr ähnliche Konjugationsmuster, deren Formen häufig verwechselt werden, vor allem in der 2. und 3. Person Singular und in der 2. Person Plural.

Fokus **Indefinitpronomen *een („man")***

*A. Wandeln Sie die Sätze um, indem Sie das Subjekt durch das Indefinitpronomen
een ersetzen. Es sind mehrere Antworten möglich!*

1. D'Leit sollen hir Kanner net eleng am Auto loossen.

   A D'Kanner soll een net eleng am Auto loossen.

   B Am Auto soll et een d'Kanner net eleng loossen.

   C Et soll een d'Kanner net eleng am Auto loossen.

2. An der Stad kënnen d'Awunner ënnert ville gudde Crèchë wielen.

   A An der Stad et kann een ënnert ville gudde Crèchë wielen.

   B Ee kann an der Stad ënnert ville gudde Crèchë wielen.

   C Et kann een an der Stad ënnert ville gudde Crèchë wielen.

3. Mir mussen d'Kanner all Joer nei umellen.

   A Ee muss d'Kanner all Joer nei umellen.

   B Et muss een d'Kanner all Joer nei umellen.

   C D'Kanner muss et een all Joer nei umellen.

4. D'Kanner iessen net, ouni d'Hänn virdrun ze wäschen.

   A Et iessen net, ouni d'Hänn virdrun ze wäschen.

   B Et ësst een net, ouni d'Hänn virdrun ze wäschen.

   C Een ësst net d'Kanner, ouni d'Hänn virdrun ze wäschen.

5. D'Educatricë weisen de Kanner, wat si spille kënnen.

   A Et weist een de Kanner, wat si spille kënnen.

   B Si weisen een de Kanner, wat si spille kënnen.

   C Ee weist et de Kanner, wat si spille kënnen.

> **Merke** Das Indefinitpronomen **een** steht niemals am Satzanfang. Nötigenfalls muss der
> Satz mit **Et** ... eingeleitet werden.

Fokus *kennen/wëssen/kënnen*

*A. Ergänzen Sie die passende Konjugationsform der Verben **kennen**, **wëssen** oder **kënnen** im Präsens.*

Lösung
Seite 230

1. Ech _____ de Wee net.

   A kann   **B** weessen   **C** kennen   **D** kannen

2. _____ du, wou d'Maison relais ass?

   A Weesst   **B** Weess   **C** Kenns   **D** Kanns

3. Muer _____ mir d'Kanner eréischt um zwou Auer siche kommen.

   A kenne   **B** kënne   **C** kanne   **D** komme

4. _____ Dir d'Reglement vun der Crèche?

   A Weesst   **B** Kennt   **C** Weess   **D** Kënnt

5. Firwat _____ Dir net, wéi dat heescht?

   A weesst   **B** wësst   **C** kënnt   **D** kennt

Merke **kennen** + Nomen ➜ Beispiel: **Ech kenne seng Adress.**
wëssen + Nebensatz ➜ Beispiel: **Ech weess, wou hie wunnt.**
kënnen: *„etwas machen können"* (erlernte/erworbene Fähigkeit)
„Ich kenne ein Schwimmbad." **Ech kennen eng Schwämm.**
„Ich weiß, wo ein Schwimmbad ist." **Ech weess, wou eng Schwämm ass.**
„Ich kann schwimmen." **Ech ka schwammen.**

Fokus **Zeitadverbien**

A. Welches der genannten Adverbien bzw. welcher adverbiale Ausdruck passt nicht?

1. D'Kanner sollen _____ eng Mëttesrascht halen.

   A nomëttes   **B** heiansdo   **C** ni   **D** gëschter

2. Hautdesdaags hunn d'Leit _____ Allergien.

   A dacks   **B** oft   **C** heefeg   **D** dagsiwwer

3. An der Maison relais kréien d'Kanner _____ selwer gekachtent lessen.

   A owes   **B** dacks   **C** meeschtens   **D** heiansdo

4. An der Schoulzäit musse mir _____ opstoen.

   A mat Zäit   **B** ni   **C** fréi   **D** pünktlech

5. Am Summer kënnen d'Kanner _____ dobausse spillen.

   A dacks   **B** spéit   **C** muer   **D** mueres

B. Ergänzen Sie das am besten passende Adverb.

Lösung Seite 230

1. Kommt Dir _____ nach an d'Eltereversammlung?

   A gëschter   **B** geschwënn   **C** herno

2. Wéi _____ kréien d'Kanner an der Crèche z'iessen?

   A elo   **B** dacks   **C** meeschtens

3. Ech muss d'Kanner _____ an d'Maison relais siche goen, si hu just bis 5 Auer op haut.

   A dacks   **B** geschwënn   **C** spéit

4. Ech hunn _____ keng Zäit, komm _____ nach eng Kéier!

   A da(nn)/elo   **B** elo/duerno   **C** duerno/elo

5. Mir ginn d'Crèche kucken, mee mir mussen eis _____ umellen.

   A duerno   **B** ni   **C** virdrun

C. Ergänzen Sie das passende Adverb bzw. den passenden adverbialen Ausdruck.

1. _____ ginn d'Kanner eraus spillen, dann iessen si zu Mëtteg.

   A Fir d'éischt   **B** Duerno   **C** Zum Schluss

2. Mir hunn _____ eng Plaz fir eist Meedchen an der Crèche kritt.

   A virun   **B** endlech   **C** jeemools

3. Et ass _____ 12 Auer, d'Schoul ass a fënnef Minutten eriwwer.

   A herno   **B** schliisslech   **C** bal

4. Et ass _____ hallwer 12, mir hunn nach eng hallef Stonn Zäit.

   A eréischt   **B** nëmmen   **C** endlech

5. _____ huet et dem Nina net an der Crèche gefall, mee elo geet et.

   A Herno   **B** Ufanks   **C** Schlussendlech

Verben

mussen	*müssen*
sollen	*sollen*
däerfen	*dürfen*
kënnen	*können*
wëllen	*wollen*
kennen	*kennen*
wëssen	*wissen*

Nomen

Mëttesrascht, Mëttesraschten, f.	*Mittagsschlaf*
Maison relais, Maison-relaisen, f.	*Sozialpädagogische Betreuungseinrichtung für Kinder und Jugendliche unter 18 Jahren*
Crèche, Crèchen, f.	*Kinderkrippe*
Precoce, m.	*Früherziehungsangebot auf freiwilliger Basis für Kinder im Alter von 3-4 Jahren. Seit 2009 fester Bestandteil des 1. Zyklus der Grundbildung (Schulpflicht ab 4 Jahre).*

Adverbien/Adverbiale Ausdrücke

dacks	*oft*
dagsiwwer	*tagsüber*
fréi	*früh*
heefeg	*häufig (auch Adjektiv)*

heiansdo	*manchmal*
mat Zäit	*rechtzeitig*
meeschtens	*meistens*
mueres (= moies)	*morgens*
ni	*niemals*
oft	*oft*
spéit	*spät*
endlech	*schließlich*
geschwënn	*bald*
virdrun	*davor, vorher*
zum Schluss	*zum Schluss*
fir d'éischt	*zunächst*
jeemools	*jemals*
schliisslech	*schließlich*
bal	*fast*
eréischt	*erst, gerade einmal*
ufanks	*anfangs*
schlussendlech	*schließlich*

Pronomen

een	*man*

Konjunktion

ouni ... ze	*ohne zu* + Infinitiv

Modul 23
LÖSUNGEN

Grundlagen

IHR PUNKTE-STAND:

SEITEN 222 - 224

Modalverben

A.1 **C** 2 **A** 3 **C** 4 **C** 5 **D** 6 **D** 7 **C**
B.1 **A** 2 **B** 3 **C** 4 **B** 5 **D** 6 **D**
C.1 **B/C/D** 2 **A** 3 **C** 4 **C** 5 **D**
D.1 **A** 2 **C** 3 **B** 4 **B** 5 **A**
E.1 **B** 2 **D** 3 **B** 4 **D** 5 **C**

. . . .

SEITE 225

Indefinitpronomen **een** („*man*")

A.1 **A/C** 2 **C** 3 **B** 4 **B** 5 **A**

. . . .

SEITE 226

kennen/wëssen/kënnen

A.1 **C** 2 **B** 3 **B** 4 **B** 5 **B**

. . . .

SEITEN 226 - 228

Zeitadverbien

A.1 **D** 2 **D** 3 **A** 4 **B** 5 **C**
B.1 **C** 2 **B** 3 **B** 4 **B** 5 **C**
C.1 **A** 2 **B** 3 **C** 4 **A** 5 **B**

Sie haben zwischen 0 und 18 Punkte? Wiederholen Sie noch einmal die Aufgaben, in denen Sie Fehler gemacht haben, und schauen Sie sich die entsprechenden Stellen erneut an.

Sie haben zwischen 19 und 35 Punkte? Das könnte ein wenig besser sein. Aber nicht verzagen!

Sie haben zwischen 36 und 47 Punkte? Großartig! Analysieren Sie Ihre Fehler, und wiederholen Sie nötigenfalls die Themen, die Sie noch nicht ganz beherrschen.

Sie haben 48 Punkte oder mehr? Dir sidd wierklech tipptopp!

Fokus **Imperativ**

A. Konjugieren Sie die Verben in Klammern im Imperativ der 2. Person Plural.

1. (Ënnerschreiwen) wlg. nach dat Dokument!

   A Ënnerschreiwen   **B** Ënnerschreif   **C** Ënnerschreift

2. (Schécken) déi E-Mail haut nach fort!

   A Schécks   **B** Schéckt   **C** Schéck

3. (Iwwersetzen) dee Bréif op Lëtzebuergesch!

   A Iwwersetzt   **B** Setzt iwwer   **C** Iwwersetzen

4. (Ginn) mir den Dossier mat de Facturen.

   A Gëff   **B** Gëfft   **C** Gitt

5. (Goen) wlg. Äre Laptop sichen.

   A Got   **B** Gitt   **C** Gifft

Lösung Seite 239

B. Konjugieren Sie die Verben in Klammern im Imperativ der 2. Person Singular.

1. (Sinn) pünktlech do fir d'Reunioun!

   A Sidd   **B** Bass   **C** Sief

2. (Ginn) mir och eng Kopie vum Kontrakt.

   A Gëffs   **B** Gëff   **C** Gëss

3. (Maachen) deen do Dossier fir d'éischt fäerdeg.

   A Méch   **B** Maach   **C** Maachs

4. (Stoen) mat Zäit op, da bass du net am Stress.

   A Stees   **B** Stéi   **C** Stéis

5. (Goen) nach net heem, du hues nach Aarbecht!

   A Gees   **B** Gos   **C** Géi

C. Welche der genannten Imperativformen ist nicht korrekt?

Lösung Seite 239

1. _____ mech net falsch!

   A Verstitt   **B** Verstéi   **C** Verstot

2. _____ dem Client e Gefalen!

   A Déi   **B** Do   **C** Dee

3. _____ mat mir op déi Konferenz!

   A Got   **B** Gitt   **C** Géi

4. _____ net sou ongedëlleg!

   A Sief   **B** Sidd   **C** Sifft

5. _____ dat mol méi positiv!

   A Gesäi   **B** Geséi   **C** Gesitt

Merke In der 2. Person Plural ist der Imperativ identisch mit der Verbform der 2. Person Plural im Indikativ Präsens ohne das Personalpronomen **Dir/dir**. Beispiel: **kommen → Dir kommt** (Präsens) → **Kommt!** (Imperativ). In der 2. Person Singular entspricht der Imperativ in der Regel dem Verbstamm ohne das Pronomen **du**. Beispiel: **kommen (komm-en) → Komm!**

Fokus **Höflichkeitsformeln**

A. Welche ist die höflichste Ausdrucksvariante für die genannte Aufforderung?

1. Gitt mir een Dag Congé!

   A Ech hätt gär een Dag Congé.

   B Ech wëll een Dag Congé!

   C Wéi ass et mat engem Dag Congé?

2. Maacht haut Iwwerstonnen!

   A Et gëtt Zäit fir Iwwerstonnen.

   B Kéint Dir haut Iwwerstonne maachen?

   C Dir musst haut Iwwerstonne maachen.

3. Bréngt mir nach e Kaffi!

   (A) Ech sot: Kaffi!

   (B) Ech brauch nach e Kaffi.

   (C) Géift Dir mir nach e Kaffi bréngen?

4. Kopéiert dat Dokument zéngmol!

   (A) Mir bräichten zéng Kopië vun deem Dokument.

   (B) Maacht zéng Kopië vun deem Dokument!

   (C) Ech wëll zéng Kopië vun deem Dokument!

5. Rufft dem Client un!

   (A) Huelt wannechgelift de Client un den Apparat!

   (B) Kéint Dir dem Client uruffen?

   (C) Ech wëll de Client un den Telefon kréien!

B. Ergänzen Sie die passende Konjugationsform der Verben im höflichen Konditional.

Lösung
Seite 239

1. _____ Dir mir och eng Kopie ginn?

   (A) Kënnt   (B) Kannt   (C) Kéint   (D) Konnt

2. Ech _____ gär mat Ärem Chef schwätzen.

   (A) giff   (B) géife   (C) géif   (D) gouf

3. Wéini _____ ech e Rendez-vous kréien?

   (A) kéint   (B) kéinten   (C) konnten   (D) kann

4. Ech _____ immens frou iwwert eng Augmentatioun.

   (A) wären   (B) war   (C) woren   (D) wär

5. _____ du och gär flexibel Aarbechtszäiten?

   (A) Hätts   (B) Hues   (C) Häss   (D) Has

Modul 24
GRUNDLAGEN

Lösung
Seite 239

A. Ergänzen Sie den passenden Begriff.

1. D'Kopië leien op Ärem _____.
   - **A** Schreifdësch
   - **B** Bürosstull
   - **C** Pabeierkuerf

2. Ech kann dat Dokument net printen, den _____ ass futti.
   - **A** Imprimante
   - **B** Printer
   - **C** Drucker

3. Hues du de Code vun der _____?
   - **A** Maschinnekopien
   - **B** Kopiesmaschinn
   - **C** Kopiesapparat

4. Ech brauch nei Batterië fir meng _____.
   - **A** Clavier
   - **B** Tastatur
   - **C** Keyboard

5. Mäi _____ ass ze kleng, ech gesinn net gutt drop.
   - **A** Schierm
   - **B** Ecran
   - **C** Computer

B. Ergänzen Sie den passenden Begriff.

1. – Hutt Dir eng Kantin? – Nee, mee mir kréien _____.
   - **A** Ticket-restauranten
   - **B** Kantinsticketen
   - **C** Restaurantsbill-jeeën

2. Mir hunn haut vill Aarbecht, ech muss _____ maachen.
   - **A** Plusstonne
   - **B** Méistonne
   - **C** Iwwerstonne

3. Meng _____ schaffe grad sou vill wéi ech.
   - **A** Fabrikaarbechter
   - **B** Mataarbechter
   - **C** Schwaarzaar-bechter

4. Wéi laang ass deng _____?
   - **A** Mëttespaus
   - **B** Mëttesrascht
   - **C** Mëttesbreak

5. Eise Chef huet eis _____ fir d'Mëttegiessen invitéiert.
   - **A** Clientë
   - **B** Konnen
   - **C** Kliente

C. Welcher der Begriffe könnte den unterstrichenen ersetzen?

1. Mir hu muer <u>e Rendez-vous</u> mat engem Fournisseur.

Lösung Seite 239

A eng Datei

B en Datum

C en Termin

2. Ech brauch onbedéngt <u>en neien Ecran</u> fir mäi Computer.

A eng nei Leinwand

B eng nei Tastatur

C en neie Schierm

3. Wat steet dann haut <u>um Ordre du jour</u>?

A um Dagesmenü

B op der Dagesuerdnung

C um Dagesuerder

4. D'Madame Summer ass grad <u>an enger Reunioun</u>.

A an enger Versammlung

B op enger Manifestatioun

C op engem Date

5. Wou ass <u>de Fichier</u> vun eisem neie Client?

A den Dossier

B d'Datei

C d'Daten

6. Mir mussen <u>déi Facture</u> nach bezuelen.

A déi Leeschtung

B dee Kont

C déi Rechnung

7. Wéini kënnt Dir <u>de Kontrakt</u> ënnerschreiwen?

  A d'Kopie

  B de Protokoll

  C de Vertrag

D. Ergänzen Sie das passende Verb. Es sind mehrere Antworten möglich!

Lösung Seite 239

1. Mäi Computer ass futti, den Informatiker muss e séier _____.

  A fixéieren   B flécken   C reparéieren   D ganz maachen

2. Eis Firma wëllt dräi nei Mataarbechter _____.

  A employéie-ren   B ustellen   C astellen   D recrutéieren

3. Mir mussen nach iwwert de Präis _____.

  A verhandelen   B handelen   C negocen   D negociéieren

4. Wat fir eng Léisung kënnt Dir mir _____?

  A opschloen   B virschloen   C proposéieren   D proposen

5. Den Employé kann dem Chef seng Propos sou net _____.

  A ofhuelen   B unhuelen   C accepteréieren   D acceptéieren

---

E. Ergänzen Sie den passenden Begriff.

1. Ech sinn nach net _____. Ech muss nach schaffen.

  A eriwwer   B laanscht   C fäerdeg

2. Ech hu leider keng Zäit, ech sinn immens _____.

  A presséiert   B gepresst   C getommelt

3. D'Madame Keller ass _____, si kann elo net äntweren.

  A fräi   B beschäftegt   C ugestallt

4. Kann ech lech ee Moment _____ ? Et dauert och net laang.

    A schwätzen   **B** treffen   **C** stéieren

5. Maach _____, de Chef waart op de Rapport!

    A virdrun   **B** virun   **C** vir

Merke Zahlreiche luxemburgische Verben und Substantive stammen aus dem Französischen. Die Substantive enden meist auf **-ioun** und die Verben auf **-éieren**.

Verben

ännerschreiwen	*unterschreiben*
iwwersetzen	*übersetzen*
flécken	*flicken*
reparéieren	*reparieren*
astellen	*einstellen*
verhandelen	*verhandeln*
negociéieren	*verhandeln*
virschloen	*vorschlagen*
proposéieren	*vorschlagen*
unhuelen	*annehmen*
acceptéieren	*akzeptieren*
sech tommelen	*sich beeilen*
stéieren	*stören*
virumaachen	*sich beeilen*

Nomen

Reunioun, Reuniounen, f.	*Versammlung*
Kontrakt , Kontrakter, m.	*Vertrag*
Vertrag, Verträg, m.	*Vertrag*

Iwwerstonn, Iwwerstonnen, f.	*Überstunden*
Augmentatioun, Augmentatiounen, f.	*Erhöhung*
Aarbechtszäit, Aarbechtszäiten, f.	*Arbeitszeit*
Schreifdësch, Schreifdëscher, m.	*Schreibtisch*
Bürosstull, Bürosstill, m.	*Bürostuhl*
Pabeierkuerf, Pabeierkierf, m.	*Papierkorb*
Imprimante, Imprimanten, f.	*Drucker*
Printer, Printer, m.	*Drucker*
Drucker, Drucker, m.	*Drucker*
Kopiesmaschinn, Kopiesmaschinnen, f.	*Fotokopierer*
Clavier, Clavieren, m.	*Tastatur*
Tastatur, Tastaturen, f.	*Tastatur*
Keyboard, Keyboarden, m.	*Tastatur*
Schierm, Schiermer, m.	*Bildschirm*
Ecran, Ecranen, m.	*Bildschirm*
Computer, Computeren, m.	*Computer*
Ticket-restaurant, Ticket-restauranten, m.	*Essensgutschein*
Mataarbechter, Mataarbechter, m.	*Mitarbeiter*
Mëttespaus, Mëttespausen, f.	*Mittagspause*
Client, Clienten, m.	*Kunde*
Datei, Dateien, f.	*Datei*
Rendez-vous, Rendez-vousen, m.	*Termin, Verabredung*
Datum, Datumen, m.	*Datum*
Termin, Terminer, m.	*Termin*
Dagesuerdnung, Dagesuerdnungen, f.	*Tagesordnung*
Ordre du jour, Ordre-du-jouren, m.	*Tagesordnung*
Reunioun, Reuniounen, f.	*Versammlung*
Versammlung, Versammlungen, f.	*Versammlung*
Kont, Konten, m.	*Konto*
Rechnung, Rechnungen, f.	*Rechnung*
Facture, Facturen, f.	*Rechnung*

Grundlagen

IHR
PUNKTE-
STAND:

SEITEN 231 - 232

Imperativ

A. 1 **C** 2 **B** 3 **A** 4 **C** 5 **B**

B. 1 **C** 2 **B** 3 **B** 4 **B** 5 **C**

C. 1 **C** 2 **C** 3 **A** 4 **C** 5 **A**

SEITEN 232 - 233

Höflichkeitsformeln

A. 1 **A** 2 **B** 3 **C** 4 **A** 5 **B**

B. 1 **C** 2 **C** 3 **A** 4 **D** 5 **C**

SEITEN 234 - 237

Wortschatz: Büro

A. 1 **A** 2 **C** 3 **B** 4 **B** 5 **A**

B. 1 **A** 2 **C** 3 **B** 4 **A** 5 **A**

C. 1 **C** 2 **C** 3 **B** 4 **A** 5 **B** 6 **C** 7 **C**

D. 1 **B/C** 2 **C/D** 3 **A/D** 4 **B/C** 5 **B/D**

E. 1 **C** 2 **A** 3 **B** 4 **C** 5 **B**

Sie haben zwischen 0 und 17 Punkte? Wiederholen Sie noch einmal die Aufgaben, in denen Sie
Fehler gemacht haben, und schauen Sie sich die entsprechenden Stellen erneut an.

Sie haben zwischen 18 und 34 Punkte? Das könnte ein wenig besser sein. Aber nicht verzagen!

Sie haben zwischen 35 und 46 Punkte? Großartig! Analysieren Sie Ihre Fehler, und wiederholen
Sie nötigenfalls die Themen, die Sie noch nicht ganz beherrschen.

Sie haben 47 Punkte oder mehr? Dir sidd wierklech tipptopp!

Fokus Lebenslauf

A. Ergänzen Sie die Sätze.

Lösung
Seite 247

1. Ech léiere gär _____.

   A de Sproochen **C** Sproochen

   B d'Sproochen **D** mat Sproochen

2. Ech léiere(n) _____.

   A de Lëtzebuergesch an den Englesch

   B Lëtzebuergesch an Englesch

   C d'Lëtzebuergesch an d'Englesch

   D Lëtzebuerger an Englesch

3. Ech hunn déi néideg _____ fir dës Aarbecht.

   A Kenntnesser **C** Sue

   B Gedanke **D** Bicher

4. Mir sichen eng Persoun mat _____ an der Vente.

   A Humor **C** Charakter

   B Erfarung **D** Gefiller

5. Fir eis Equipe siche mir no eng _____ Persoun.

   A gutt equipéiert **C** teamfäeg

   B schei **D** agebilt

Fokus Zusammengesetzte Vergangenheit (Perfekt)

A. Ergänzen Sie die passende Partizip-Perfekt-Form.

1. D'Lisa huet säin CV _____.

   A geschriwwen **B** geschreift **C** geschrifft **D** schreift

2. De John huet mam Personalchef _____.

   A geschwätzt **B** schwat **C** geschwat **D** geschwaten

3. De Paul huet e Stage an engem Architektebüro _____.

A gemaachen B gemaach C maacht D gemocht

4. D'Sonia huet dräi Joer bei engem Ingenieur _____.

A schafft B geschaffen C geschaaft D geschafft

5. De Joao huet Physik zu München _____.

A gestudéiert B studéieren C studéiert D gestudéieren

B. Ergänzen Sie die passende Partizip-Perfekt-Form.

Lösung Seite 247

1. D'Lea huet säin CV per E-Mail _____.

A geschockt B gecheckt C geschéckt D geschécken

2. De Personalchef huet den CV mat groussem Interessi _____.

A liest B gelies C gelos D lieséiert

3. De Personalbüro huet hatt direkt _____.

A geurufft B ugeruffen C ugeruff D urufft

4. D'Sekretärin huet dem Lea direkt e Rendez-vous _____.

A geginn B ginnen C ginnt D ginn

5. Si hunn hatt an de Büro _____.

A geinvitéiert B invitéiert C invitéieren D inviteréiert

Merke Das Partizip der Vergangenheit steht immer am Satzende.

C. Ergänzen Sie die passende Kombination aus Hilfsverb und Partizip Perfekt.

1. D'Helen _____ fir seng Aarbecht op London _____.

A ass/geplënnert C ass/plënneren

B huet/geplënnert D huet/plënnert

Lösung Seite 247

2. Hatt _____ dräi Joer do _____.

- Ⓐ huet/gebliwwen
- Ⓒ ass/bliwwen
- Ⓑ ass/gebliwwen
- Ⓓ huet/bleift

3. Hatt _____ an enger Wunngemeinschaft _____.

- Ⓐ huet/wunnen
- Ⓒ ass/wunnt
- Ⓑ ass/gewunnt
- Ⓓ huet/gewunnt

4. Seng Aarbecht _____ him gutt _____.

- Ⓐ ass/gefalen
- Ⓒ huet/gefalen
- Ⓑ huet/gefall
- Ⓓ ass/gefall

5. Hatt _____ sech och fir déi englesch Kultur _____.

- Ⓐ ass/interesséiert
- Ⓒ huet/geinteresséiert
- Ⓑ huet/interesséiert
- Ⓓ ass/interesséieren

6. D'Martha _____ ze spéit op säi Rendez-vous _____.

- Ⓐ huet/komm
- Ⓒ ass/gekommt
- Ⓑ huet/gekomm
- Ⓓ ass/komm

Merke Verben, die eine Bewegung, einen Zustand oder eine Zustandsänderung ausdrücken, bilden die Vergangenheit mit dem Hilfsverb **sinn**.

D. Ergänzen Sie die passende Form des Hilfsverbs.

1. De Maurice _____ zwee Joer laang Stagiaire gewiescht.

- Ⓐ sinn
- Ⓑ ass
- Ⓒ huet
- Ⓓ hat

2. De Jacques _____ direkt Employé ginn.

- Ⓐ ass
- Ⓑ huet
- Ⓒ hunn
- Ⓓ sief

3. Déi Leit _____ hir Carrière op enger Bank ugefaangen.

- Ⓐ sinn
- Ⓑ huet
- Ⓒ hunn
- Ⓓ ass

4. Heiansdo _____ ech an d'Ausland gefuer.

A hunn   B sinn   C sidd   D huet

5. _____ Dir lech ëm wichteg Dossiere gekëmmert?

A Hues   B Bass   C Ass   D Hutt

E. Welcher Infinitiv entspricht dem unterstrichenen Partizip Perfekt?

1. De Stage huet dem Nico gutt <u>gefal</u>.

A falen   B gefallen   C gefalen

2. D'Assistentin huet mir e Rendez-vous <u>ginn</u>.

A goen   B ginn   C gaangen

3. Ech hu mech an der Receptioun <u>ugemellt</u>.

A sech umellen   B sech mellen un   C umelle sech

4. De Stagiaire huet säi Chef am Lift <u>getraff</u>.

A traffen   B getreffen   C treffen

5. Am Entretien ass et gutt <u>gaangen</u>.

A ginn   B goen   C geginn

Fokus **Einfache Vergangenheit der Verben *hunn* und *sinn***   Lösung Seite 247

*A. Ergänzen Sie die passende Konjugationsform des Verbs **hunn** in der einfachen Vergangenheit (Präteritum).*

1. Mat 23 Joer _____ ech meng éischt Aarbecht.

A hate   B hatt   C hat   D huet

2. _____ du vill Stress bei dengem Stage?

A Hues   B Has   C Hates   D Häss

3. Mir _____ net genuch Erfarung fir deen Job.

A haten   B hatten   C hat   D hunn

4. _____ Dir och gëschter e Virstellungsgespréich?

- **A** Hatet
- **B** Hat
- **C** Hatt
- **D** Hutt

5. De Mathieu _____ déi néideg Kompetenze fir déi Aarbecht.

- **A** hat
- **B** hutt
- **C** hattet
- **D** hatte

6. D'Kandidaten _____ all interessant Dossieren.

- **A** hunn
- **B** haten
- **C** hat
- **D** hatten

*B. Ergänzen Sie die passende Konjugationsform des Verbs **sinn** in der einfachen Vergangenheit (Präteritum).*

Lösung Seite 247

1. De Serge _____ gutt qualifizéiert fir de Posten.

- **A** ass
- **B** waars
- **C** war
- **D** wier

2. Ech _____ immens nervös virum Entretien.

- **A** waren
- **B** war
- **C** sinn
- **D** waart

3. _____ du an England op der Universitéit?

- **A** Bass
- **B** Waars
- **C** Waart
- **D** Wiers

4. D'Studente _____ während sechs Méint an engem Stage.

- **A** ware
- **B** si
- **C** waart
- **D** war

5. Dir _____ ëmmer ganz u Sproochen interesséiert.

- **A** waartet
- **B** waart
- **C** sidd
- **D** waars

6. Mir _____ mat Zäit op eisem Rendez-vous.

- **A** war
- **B** si
- **C** ware
- **D** waarte

*C. Ergänzen Sie die passende Konjugationsform der Verben **hunn** bzw. **sinn** in der einfachen Vergangenheit (Präteritum).*

1. Hien _____ mat 18 Joer säi Premièresdiplom an der Täsch.

- **A** hat
- **B** war
- **C** hutt
- **D** sinn

2. D'Kandidate _____ séier fäerdeg mam Entretien.

- **A** hu
- **B** si
- **C** ware
- **D** hate

3. _____ däi CV mat Zäit prett?

- **A** Waars
- **B** Has
- **C** War
- **D** Hat

4. _____ Dir gutt fir den Interview preparéiert?

- **A** Hat
- **B** Has
- **C** Waart
- **D** Hutt

5. Ech _____ net genuch Zäit, fir mech ze preparéieren.

- **A** hutt
- **B** war
- **C** hat
- **D** waart

Fokus	**Über die Berufslaufbahn sprechen/Sich auf eine Stelle bewerben**

Lösung Seite 247

A. Ergänzen Sie den passenden Begriff. Es sind mehrere Antworten möglich!

1. Ech hat géschter e(n) _____ mam Personalchef.

- **A** Kaffiskränzche
- **C** Entretien
- **B** Virstellungsgespréich
- **D** Dossier

2. Hues du deng _____ schonn ageschéckt?

- **A** Kandidate
- **C** Kandidatur
- **B** Bewerbung
- **D** CV

3. Wou hutt Dir Är _____ gemaach?

- **A** Erfarunge
- **C** Sprooche
- **B** Studie
- **D** Ënnerlage

4. Ech hat en interessante _____ als Commercial bei enger internationaler Firma.

- **A** Plaz
- **C** Job
- **B** Posten
- **D** Aarbecht

5. An Ärem Dossier feelt de(n) _____.

- **A** Scheck
- **C** Motivatiounsbréif
- **B** Foto
- **D** CV

Modul 25
WORTSCHATZ

Verben

gefalen	*gefallen*
treffen	*treffen*
plënneren	*umziehen*

Nomen

Kenntnes, Kenntnesser, n.	*Kenntnisse*
Erfarung, Erfarungen, f.	*Erfahrung*
Personalchef, Personalcheffen, m.	*Personalchef*
Personalbüro, Personalbüroen, m.	*Personalbüro*
Entretien , Entretienen, m.	*Vorstellungsgespräch*
Virstellungsgespréich, Virstellungsgespréicher, n.	*Vorstellungsgespräch*
Kandidat, Kandidaten, m.	*Bewerber*
Posten, Posten, m.	*Stelle*
Kandidatur, Kandidaturen, f.	*Bewerbung*
Premièresdiplom, Premièresdiplomer, m.	*Abiturzeugnis*
Bewerbung, Bewerbungen, f.	*Bewerbung*
Ënnerlag, Ënnerlagen, f.	*Unterlagen, Dokumente*
Plaz, Plazen, f.	*Arbeitsplatz, Stelle*
Motivatiounsbréif, Motivatiounsbréiwer, m.	*Bewerbungsschreiben*
CV, Lieweslaf, m.	*Lebenslauf*

Adjektive/Adverbien

néideg	*erforderlich*
teamfäeg	*teamfähig*
qualifizéiert	*qualifiziert*

Grundlagen

SEITE 240
Lebenslauf
A. 1 **C** 2 **B** 3 **A** 4 **B** 5 **C**

SEITEN 240 - 243
Zusammengesetzte Vergangenheit (Perfekt)
A. 1 **A** 2 **C** 3 **B** 4 **D** 5 **C**
B. 1 **C** 2 **B** 3 **C** 4 **D** 5 **B**
C. 1 **A** 2 **C** 3 **D** 4 **B** 5 **B** 6 **D**
D. 1 **B** 2 **A** 3 **C** 4 **B** 5 **D**
E. 1 **C** 2 **B** 3 **A** 4 **C** 5 **B**

SEITEN 243 - 245
Einfache Vergangenheit der Verben **hunn** und **sinn**
A. 1 **C** 2 **B** 3 **A** 4 **B** 5 **A** 6 **B**
B. 1 **C** 2 **B** 3 **B** 4 **A** 5 **B** 6 **C**
C. 1 **A** 2 **C** 3 **C** 4 **C** 5 **C**

SEITE 245
Über die Berufslaufbahn sprechen/Sich auf eine Stelle bewerben
A. 1 **B/C** 2 **B/C** 3 **A/B** 4 **B** 5 **C/D**

IHR
PUNKTE-
STAND:

Sie haben zwischen 0 und 18 Punkte? Wiederholen Sie noch einmal die Aufgaben, in denen Sie Fehler gemacht haben, und schauen Sie sich die entsprechenden Stellen erneut an.
Sie haben zwischen 19 und 35 Punkte? Das könnte ein wenig besser sein. Aber nicht verzagen!
Sie haben zwischen 36 und 47 Punkte? Großartig! Analysieren Sie Ihre Fehler, und wiederholen Sie nötigenfalls die Themen, die Sie noch nicht ganz beherrschen.
Sie haben 48 Punkte oder mehr? Dir sidd wierklech tipptopp!

Modul 26
GRUNDLAGEN

Fokus Hilfsverben *hunn* und *sinn*

Lösung Seite 258

A. Ergänzen Sie das passende Hilfsverb.

1. Mir _____ d'lescht Joer vill gereest.
   - **A** hunn
   - **B** sinn

2. Mir _____ dräimol an d'Vakanz gefuer.
   - **A** hunn
   - **B** sinn

3. Mir _____ vill schéi Plaze gesinn.
   - **A** hu(nn)
   - **B** si(nn)

4. Mir _____ vill flott Fotoe gemaach.
   - **A** hu(nn)
   - **B** si(nn)

5. Mir _____ vill Muséeë besiche gaangen.
   - **A** hu(nn)
   - **B** si(nn)

6. Mir _____ moies ëmmer fréi opgestanen.
   - **A** hu(nn)
   - **B** si(nn)

7. Mir _____ vill nei Plate geschmaacht.
   - **A** hu(nn)
   - **B** si(nn)

8. Mir _____ eis gutt erholl.
   - **A** hunn
   - **B** sinn

Fokus Partizip der Vergangenheit (Partizip Perfekt)

A. Ergänzen Sie die korrekte Partizipform.

1. Wat hues du _____?
   - **A** drénkt
   - **B** gedronkt
   - **C** gedronk

2. Hues du eppes Spezielles _____?
   - **A** iesst
   - **B** giess
   - **C** gegiess

3. Hutt Dir vill Zäit am Musée _____?
   - **A** verbréngt
   - **B** verbracht
   - **C** verbruecht

4. Hutt Dir den Auto oder den Zuch _____?

   A geholl   **B** gehuelt   **C** gehuelen

5. Ech hunn immens gutt _____.

   A schlofen   **B** geschléift   **C** geschlof

6. Wéi vill Drénkgeld hues du dem Garçon _____?

   A ginn   **B** geginn   **C** gaang

7. Mir hunn deen Hotel um Internet _____.

   A gefonnt   **B** gefount   **C** fonnt

8. De Guide huet eis déi ganz Stad _____.

   A gewisen   **B** geweist   **C** wisen

B. Ergänzen Sie die passende Partizip-Perfekt-Form.

Lösung
Seite 258

1. Mir si mam Fliger an d'Vakanz _____.

   A flunn   **B** geflunn   **C** gefléit

2. Mir sinn all Moien dräi Kilometer _____.

   A gelaf   **B** gelof   **C** gelaaft

3. Ech sinn de Moien um sechs Auer _____.

   A erwaachen   **B** erwacht   **C** erwächt

4. Sinn d'Kanner gutt mat der Kolonie _____?

   A ukomm   **B** ukommen   **C** ugekomm

5. Hatt ass beim Schifuere _____.

   A fall   **B** gefall   **C** gefalen

6. Ass eppes Spezielles _____?

   A geschitt   **B** geschéit   **C** geschittet

7. Wéi laang sidd Dir do _____?

   A gebliwwen   **B** bliwwen   **C** gebleift

8. Mir si ganz midd vum Reese _____.

    A gaangen   **B** goen   **C** ginn

C. Welche Infinitivform entspricht dem genannten Partizip?

**Lösung
Seite 258**

1. verluer

    A verléieren   **B** verlueren   **C** verlieren   **D** verluren

2. ugedoen

    A ugedoen   **B** udoen   **C** undoen   **D** doenun

3. getraff

    A traffen   **B** triffen   **C** treffen   **D** trafen

4. gewuess

    A gewuessen   **B** wuessen   **C** wiissen   **D** wëssen

5. gesongen

    A singen   **B** songen   **C** séngen   **D** sangen

6. geschnidden

    A schnitten   **B** schnidden   **C** geschneiden   **D** schneiden

7. gewiescht

    A wischen   **B** wëschen   **C** ginn   **D** sinn

8. geklommen

    A klommen   **B** klamen   **C** klammen   **D** klomen

*D. Welches der drei Verben bildet sein Partizip **nicht** wie das jeweils
oben angegebene Verb?*

1. lauschteren-gelauschtert

    A kucken   **B** kafen   **C** schaffen

2. reservéieren-reservéiert

   (A) ameséieren   (B) informéieren   (C) léieren

3. ginn-ginn

   (A) héieren   (B) gesinn   (C) gefalen

4. schwammen-geschwommen

   (A) kachen   (B) klammen   (C) sangen

5. fléien-geflunn

   (A) zéien   (B) léien   (C) béien

Merke Im Luxemburgischen existieren zahlreiche Arten der Partizip-Perfekt-Bildung bei Verben. Es ist nicht möglich, die Verben nach Konjugationsgruppen zu klassifizieren. Am besten lernt man die Formen auswendig.

Fokus **Inversion bei Sätzen in der Vergangenheit**

A. Welcher Satz entspricht nach der Inversion dem jeweils angegebenen?

1. Mir sinn am Juli an d'Vakanz gefuer.

   (A) An d'Vakanz am Juli si mir gefuer.

   (B) An d'Vakanz mir sinn am Juli gefuer.

   (C) Am Juli si mir an d'Vakanz gefuer.

   Lösung Seite 258

2. Mir hu sympathesch Leit um Camping kenne geléiert.

   (A) Sympathesch Leit hunn um Camping mir kenne geléiert.

   (B) Um Camping hu mir sympathesch Leit kenne geléiert.

   (C) Um Camping mir hu kenne geléiert sympathesch Leit.

3. Mir hu vum Hotelzëmmer aus op d'Mier gesinn.

   (A) Vum Hotelzëmmer aus hu mir op d'Mier gesinn.

   (B) Op d'Mier vum Hotelzëmmer aus hu mir gesinn.

   (C) Op d'Mier mir hu vum Hotelzëmmer aus gesinn.

4. D'Sonn huet de ganzen Zäit geschéngt.

   A Geschéngt huet de ganzen Zäit d'Sonn.

   B De ganzen Zäit huet d'Sonn geschéngt.

   C D'Sonn de ganzen Zäit geschéngt huet.

Lösung
Seite 258

5. Et huet an der Vakanz guer net gereent.

   A Guer net huet et gereent an der Vakanz.

   B An der Vakanz huet et guer net gereent.

   C An der Vakanz et gereent huet guer net.

Fokus   **Aus der Gegenwart in die Vergangenheit**

A. Welcher Satz in der Vergangenheit entspricht dem Satz in der Gegenwart?
Es sind mehrere Antworten möglich!

1. Fir d'éischt huele mer de Fliger, da(nn) loune mir en Auto.

   A Fir d'éischt hu mir de Fliger geholl, dunn hu mir en Auto gelount.

   B De Fliger hu mir geholl fir d'éischt, da mir en Auto gelount hunn.

   C Fir d'éischt mir de Fliger geholl hunn, da mir en Auto gelount hunn.

2. An der Vakanz iwwernuechte mir an enger Jugendherberg.

   A An enger Jugendherberg an der Vakanz mir iwwernuecht hunn.

   B An der Vakanz hu mir an enger Jugendherberg iwwernuecht.

   C An der Vakanz hu mir an enger Jugendherberg iwwergenuecht.

3. D'Sonia reservéiert seng Vakanz an engem Reesbüro.

   A D'Sonia seng Vakanz huet an engem Reesbüro reservéiert.

   B An engem Reesbüro huet d'Sonia seng Vakanz gereservéiert.

   C D'Sonia huet seng Vakanz an engem Reesbüro reservéiert.

4. Den Hotel schéckt eis eng Confirmation fir d'Reservatioun.

  A Den Hotel huet eis eng Confirmatioun fir d'Reservatioun geschéckt.

  B Eng Confirmatioun fir d'Reservatioun den Hotel huet eis geschéckt.

  C Den Hotel huet eis eng Confirmatioun fir d'Reservatioun geschenkt.

Lösung
Seite 258

5. Mir fannen ëmmer flott Restauranten um Internet.

  A Mir hunn ëmmer flott Restauranten um Internet fonnt.

  B Mir hunn ëmmer flott Restauranten um Internet gefonnt.

  C Um Internet hu mer ëmmer flott Restaurante fonnt.

Fokus **Aus der Vergangenheit in die Gegenwart**

*A. Welcher Satz in der Gegenwart entspricht dem Satz in der Vergangenheit?
Es sind mehrere Antworten möglich!*

1. Mir hunn eng super flott Vakanz verbruecht.

  A Mir verbruechen eng super flott Vakanz.

  B Eng super flott Vakanz mir verbréngen.

  C Mir verbréngen eng super flott Vakanz.

2. Mir hunn eis Vakanz ofgesot, mäi Mann war krank.

  A Mir soen eis Vakanz of, mäi Mann ass krank.

  B Mir ofsoen eis Vakanz, mäi Mann ass krank.

  C Mäi Mann ass krank, mir soen eis Vakanz of.

3. Mir sinn all Dag op d'Plage schwamme gaangen.

  A All Dag gi mir op d'Plage schwammen.

  B Mir schwammen all Dag op d'Plage goen.

  C Op d'Plage mir ginn all Dag schwammen.

4. D'Vue huet eis am beschte gefall.

   A D'Vue fält eis am beschten.

   B Am beschte gefält eis d'Vue.

   C Eis gefält d'Vue am beschten.

Lösung Seite 258

5. De Guide huet eis vill flott Plaze gewisen.

   A Eis wiisst de Guide vill flott Plazen.

   B Vill fott Plazen eis de Guide weist.

   C De Guide weist eis vill flott Plazen.

Merke Die Konjunktion **dann** („*dann, danach*") wird in einem Satz in der Vergangenheit zu **dunn**.

Fokus *Virun* oder *virdrun*

A. Ergänzen Sie die passende Präposition bzw. das passende Adverb.

1. _____ engem Joer war ech an Italien um Camping.

   A Virun   **B** Virdrun

2. Mir waren iessen, _____ _____ ware mir an de Kino.

   A viru(n)   **B** virdru(n)

3. De Jacques ass _____ enger Woch an d'Vakanz gefuer.

   A virun   **B** virdrun

4. D'Famill Sauber ass scho _____ enger Woch zeréckkomm.

   A virun   **B** virdrun

5. Wat hues du _____ gemaach?

   A viru(n)   **B** virdru(n)

6. _____war d'Wieder nach schéin, elo reent et.

   A Viru(n)   **B** Virdru(n)

> **Merke** **Virun** und **virdrun** bedeuten beide „vor". Auf die Präposition **virun**, die räumlich und zeitlich angewandt werden kann, folgt stets ein Objekt. Auch das Adverb **virdrun** kann in einem räumlichen („*davor*") oder zeitlichen Kontext („*zuvor, vorhin*") benutzt werden.

Fokus **Wortschatz: Ferien**

A. Ergänzen Sie den passenden Begriff. Es sind mehrere Antworten möglich!

Lösung Seite 258

1. Mir hunn eisen Hotel iwwer Internet _____.
   - **A** reservéiert
   - **B** gebucht
   - **C** fonnt

2. Eis Kanner hunn an enger _____ geschlof.
   - **A** Jugendherberg
   - **B** Schlass
   - **C** Camping

3. Eis Noperen haten en Zëmmer mat _____.
   - **A** Vue
   - **B** Vollpensioun
   - **C** Chauffer

4. Den Tom geet gär flott Plaze _____.
   - **A** maachen
   - **B** besichtegen
   - **C** kucken

5. Wou hutt Dir do _____?
   - **A** bliwwen
   - **B** iwwernuecht
   - **C** schlofen

6. De Claude huet mir e schéine Souvenir aus der Vakanz _____.
   - **A** matbruecht
   - **B** matgeholl
   - **C** matgaangen

7. Mir gi muer op _____, fir eis Vakanz ze reservéieren.
   - **A** d'Vakanzefoire
   - **B** de Reesbüro
   - **C** d'Reesagence

8. Ech hu just eng grouss Wallis an _____.
   - **A** Handgepäck
   - **B** Gepäck
   - **C** eng Posch

Verben

reesen	*reisen*
opstoen	*aufstehen*
sech erhuelen	*sich erholen*
verbréngen	*verbringen*
fannen	*finden*
weisen	*zeigen*
erwächen	*aufwachen*
falen	*fallen*
gefalen	*gefallen*
verléieren	*verlieren*
treffen	*treffen*
wuessen	*wachsen*
sangen	*singen*
schneiden	*schneiden*
sech ameséieren	*sich amüsieren*
zéien	*ziehen*
léien	*lügen*
béien	*biegen*
lounen	*mieten*
kenne léieren	*kennenlernen*
iwwernuechten	*übernachten*
reservéieren	*reservieren*
buchen	*reservieren*
ofsoen	*absagen, annulieren*
besichtegen	*besichtigen*

Nomen

Hotelzëmmer, Hotelzëmmeren, n.	*Hotelzimmer*
Camping, Campingen, m.	*Camping*
Jugendherberg, Jugendherbergen, f.	*Jugendherberge*
Reesbüro, Reesbüroen, m.	*Reisebüro*
Reesagence, Reesagencen, f.	*Reisebüro*
Vakanzefoire, Vakanzefoiren, f.	*Reisemesse*
Confirmatioun, Confirmatiounen, f.	*Bestätigung*
Reservatioun, Reservatiounen, f.	*Reservierung*
Guide, Guiden, m	*Reiseführer*
Schlass, Schlässer, n.	*Schloss*
Vollpensioun, f.	*Vollpension*
Handgepäck, n.	*Handgepäck*
Gepäck, n.	*Gepäck*
Posch, Poschen, f.	*Tasche*
Wallis, Wallissen, f.	*Koffer*

Präpositionen/Adverbien

virun	*vor* (Präposition, räumlich + zeitlich)
virdrun	*davor; vorher, zuvor* (Adverb, räumlich + zeitlich)

Konjunktionen

dann	*dann, danach* (Gegenwart)
dunn	*dann, danach* (Vergangenheit)

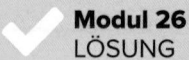

Modul 26
LÖSUNG

Grundlagen

IHR PUNKTESTAND:

SEITE 248
Hilfsverben **hunn** und **sinn**
A. 1 **B** 2 **B** 3 **A** 4 **A** 5 **B** 6 **B** 7 **A** 8 **A**

SEITEN 248 - 251
Partizip der Vergangenheit (Partizip Perfekt)
A. 1 **C** 2 **B** 3 **C** 4 **A** 5 **C** 6 **A** 7 **C** 8 **A**
B. 1 **B** 2 **A** 3 **C** 4 **A** 5 **B** 6 **A** 7 **B** 8 **C**
C. 1 **A** 2 **C** 3 **C** 4 **B** 5 **D** 6 **D** 7 **D** 8 **C**
D. 1 **B** 2 **C** 3 **C** 4 **A** 5 **C**

SEITEN 251 - 252
Inversion bei Sätzen in der Vergangenheit
A. 1 **C** 2 **B** 3 **A** 4 **B** 5 **B**

SEITEN 252 - 253
Aus der Gegenwart in die Vergangenheit
A. 1 **A** 2 **B** 3 **C** 4 **A** 5 **A/C**

SEITEN 253 - 254
Aus der Vergangenheit in die Gegenwart
A. 1 **C** 2 **A/C** 3 **A** 4 **B/C** 5 **C**

SEITE 254
Virun oder **Virdrun**
A. 1 **A** 2 **B** 3 **A** 4 **A** 5 **B** 6 **B**

SEITE 255
Wortschatz: Ferien
A. 1 **A/B/C** 2 **A** 3 **A/B** 4 **B/C** 5 **B** 6 **A** 7 **A/B** 8 **A/C**

Sie haben zwischen 0 und 20 Punkte? Wiederholen Sie noch einmal die Aufgaben, in denen Sie Fehler gemacht haben, und schauen Sie sich die entsprechenden Stellen erneut an.
Sie haben zwischen 21 und 41 Punkte? Das könnte ein wenig besser sein. Aber nicht verzagen!
Sie haben zwischen 42 und 60 Punkte? Großartig! Analysieren Sie Ihre Fehler, und wiederholen Sie nötigenfalls die Themen, die Sie noch nicht ganz beherrschen.
Sie haben 61 Punkte oder mehr? Dir sidd wierklech tipptopp!

Fokus **Bedeutung der Modalverben (Wiederholung)**

A. Ergänzen Sie das passende Modalverb.

Lösung Seite 268

1. Ech _____ hei net schwammen, hei ass kee Waasser.

   A kann   **B** wëll

2. Du _____ net sou vill Schockela iessen, dat mécht déck.

   A muss   **B** solls

3. Dat ass e Sens interdit, do _____ een net erafueren.

   A soll   **B** däerf

4. Zu Lëtzebuerg ass Walpflicht, all d'Lëtzebuerger _____ wiele goen.

   A däerfe   **B** musse

5. Ech ____ mech net decidéieren, wat fir e Pullover _____ ech undoen?

   A ka/soll   **B** muss/kann

6. Dir _____ den Hond mat an de Fliger huelen, et ass net verbueden.

   A musst   **B** däerft

7. Ech sinn allergesch, ech _____ dat net iessen.

   A wëll   **B** däerf

8. De Sven spuert seng Suen, hie _____ en neien Auto kafen.

   A wëllt   **B** muss

B. Was drückt das unterstrichene Modalverb im jeweiligen Kontext aus?

1. Dir <u>musst</u> hei <u>kee</u> Casque undoen.

   A Verbuet   **B** keng Obligatioun

2. Kanner <u>sollen</u> <u>net</u> sou vill Tëlee kucken.

   A Recommandatioun   **B** Verbuet

3. Wou <u>kann</u> ech hei telefonéieren ?

   A Méiglechkeet   **B** Recommandatioun

4. Dir <u>däerft</u> Är Schong unhalen.

   A Erlaabnis   **B** keng Obligatioun

5. Hei <u>däerf</u> een <u>net</u> mam Hond spadséiere goen.

   A Verbuet   **B** Erlaabnis

6. Du <u>kanns</u> de ganzen Dag um Internet surfen.

   A Méiglechkeet   **B** Verbuet

7. Zu Lëtzebuerg <u>däerf</u> ee mat 16 Joer Alkohol drénken.

   A Erlaabnis   **B** Méiglechkeet

8. Fir eng Sprooch ze léieren, <u>soll</u> een all Dag e bëssen üben.

   A Recommandatioun   **B** Obligatioun

Fokus   **Modalverben in der einfachen Vergangenheit: *kënnen***

*A. Ergänzen Sie die passende Konjugationsform des Verbs **kënnen** in der einfachen Vergangenheit (Präteritum).*

Lösung
Seite 268

1. Leider _____ ech gëschter net an de Cours kommen.

   A kannt   **B** konnt   **C** kunnt

2. _____ du net éischter hei sinn?

   A Kanns   **B** Kannts   **C** Konnts

3. Mir _____ näischt vum Buffet iessen.

   A konnen   **B** kënnten   **C** konnten

4. Mäi Mann _____ säi Pass net fannen.

   A konnt   **B** kannt   **C** konn

5. _____ Dir och net gutt schlofen?

   A Kannt   **B** Kunnt   **C** Konnt

6. D'Kanner _____ am Mier schwammen.

   A kunnten   **B** konnten   **C** kounten

7. Mir _____ gëschter endlech heemgoen.

A konnten   **B** konnte   **C** konnt

8. _____ de Guy matgoen?

A Kann   **B** Kount   **C** Konnt

Fokus **Modalverben in der einfachen Vergangenheit: *sollen***

Lösung
Seite 268

*A. Ergänzen Sie die passende Konjugationsform des Verbs **sollen**
in der einfachen Vergangenheit (Präteritum).*

1. Ech _____ gëschter schonn an d'Vakanz fueren.

A sollte   **B** sollt   **C** sall

2. _____ du net mat eis fueren?

A Solls   **B** Soll   **C** Sollts

3. Wat _____ hie fir lech maachen?

A solltet   **B** sollt   **C** sallt

4. Mir _____ näischt soen.

A sallen   **B** sollen   **C** sollten

5. _____ Dir net och op d'Party kommen?

A Sallt   **B** Sëllt   **C** Sollt

6. Wat _____ deng Schwëster do maachen?

A sollet   **B** sollt   **C** soll

7. D'Kanner _____ besser doheem bleiwen.

A sollten   **B** sallte   **C** sollte

8. Den Dokter _____ net sou komplizéiert schwätzen.

A sollt   **B** solltet   **C** solle

Lösung
Seite 268

Fokus **Modalverben in der einfachen Vergangenheit: *däerfen***

*A. Ergänzen Sie die passende Konjugationsform des Verbs **däerfen**
in der einfachen Vergangenheit (Präteritum).*

1. Ech_____beim Tournage nokucken.

   Ⓐ duerfte   Ⓑ däerft   Ⓒ duerft

2. _____ du owes erausgoen?

   Ⓐ Duerfs   Ⓑ Duerfts   Ⓒ Däerfts

3. Meng Kanner _____keng Tëlee kucken.

   Ⓐ duerfte   Ⓑ duerften   Ⓒ däerften

4. Mäin Noper _____keen Hond halen.

   Ⓐ duerftet   Ⓑ däerfet   Ⓒ duerft

5. Mir_____net mat an d'Zëmmer goen.

   Ⓐ duerften   Ⓑ däerften   Ⓒ däerfen

6. Wat _____ Dir net iessen?

   Ⓐ duerfet   Ⓑ däerfet   Ⓒ duerft

7. _____ Är Frënn mat lech goen?

   Ⓐ Duerft   Ⓑ Duerften   Ⓒ Duerfe

8. Den David _____ seng Frëndin net mat heem bréngen.

   Ⓐ duerftet   Ⓑ duerft   Ⓒ däerft

Fokus **Modalverben in der einfachen Vergangenheit: *wëllen***

*A. Ergänzen Sie die passende Konjugationsform des Verbs **wëllen**
in der einfachen Vergangenheit (Präteritum).*

1. Ech _____ ëmmer Astronaut ginn.

   Ⓐ wollte   Ⓑ wëllt   Ⓒ wollt

2. Wat _____ du mir soen?

   Ⓐ wëlls   Ⓑ wollts   Ⓒ wolltes

3. Mir _____ dee Film och kucke goen.

   A wollten   **B** wëllten   **C** wollen

4. Wuer _____ d'Annick an d'Vakanz goen?

   A wolltet   **B** wollte   **C** wollt

5. _____ Dir mat eis iessen?

   A Wëlltet   **B** Wolltet   **C** Wollt

6. Mäi Brudder _____ ni mat mir deelen.

   A wollt   **B** wollten   **C** wëllt

7. D'Leit _____ all dat Evenement gesinn.

   A wëllten   **B** wéilten   **C** wollten

8. Wat _____ de Chef vun dir?

   A wéilt   **B** wollt   **C** wëllt

Merke Die Modalverben **kënnen**, **däerfen**, **wëllen** und **sollen** gehören zu den wenigen Verben, die eine Präteritumsform haben; einzig **mussen** hat keine. Um eine Verpflichtung in der Vergangenheit auszudrücken, benutzt man daher die zusammengesetzte Vergangenheit. Das Partizip von **mussen** lautet **mussen** oder **missen**.

Fokus **Vergangenheit des Modalverbs *mussen***

A. Welcher Satz in der Vergangenheit ist korrekt? Es sind mehrere Antworten möglich!

1. Ech muss bei den Zänndokter goen.

   A Ech hu bei den Zänndokter misse goen.

   B Ech hu bei den Zänndokter goe missen.

   C Ech hu musse bei den Zänndokter goen.

Lösung
Seite 268

2. De Chris muss eng nei Aarbecht fannen.

   A De Chris misst eng nei Aarbecht fannen.

   B De Chris huet muss eng nei Aarbecht fannen.

   C De Chris huet missen eng nei Aarbecht fannen.

3. Wat fir e Bus muss du huelen?

 A Wat fir e Bus hues du huele mussen?

 B Wat fir e Bus hues du missen huelen?

 C Wat hues fir e Bus du mussen huelen?

**Lösung
Seite 268**

4. Dir musst eng Assurance fir den Auto hunn.

 A Dir hutt missen eng Assurance fir den Auto hunn.

 B Dir hat eng Assurance missen fir den Auto.

 C Dir hutt fir den Auto missen hunn eng Assurance.

5. De Client muss de Formulaire ënnerschreiwen.

 A De Client huet de Formulaire mussen ënnerschreiwen.

 B De Client huet missten de Formulaire ënnerschreiwen.

 C De Client huet ënnerschreiwen de Formulaire missen.

Merke Die Position des Partizips **mussen** bzw. **missen** kann im Satz variieren. Es steht entweder am Satzende oder nach dem Hilfsverb **hunn** oder vor dem Infinitiv. Dasselbe gilt für die Partizip-Perfekt-Formen der anderen Modalverben.

Fokus **Vergangenheit der Modalverben**

A. Welcher Satz in der Vergangenheit ist korrekt? Es sind mehrere Antworten möglich!

1. Du däerfs däin Hond net mat an de Restaurant huelen.

 A Du duerfts däin Hond net mat an de Restaurant huelen.

 B Du hues däin Hond net mat an de Restaurant huelen däerfen.

 C Du hues däin Hond net mat an de Restaurant huele geduerft.

2. Firwat wëllt Dir net mat an de Kino goen?

 A Firwat wolltet Dir net mat an de Kino goen?

 B Firwat wollt Dir net mat an de Kino goen?

 C Firwat hutt Dir net wëlle mat an de Kino goen?

3. Wat solle mir maachen?

  Ⓐ Wat hu mir maache gesollt?

  Ⓑ Wat sollte mir maachen?

  Ⓒ Wat hu mir gemaach sollen?

Lösung
Seite 268

4. Kanns du de Schüler dat erklären?

  Ⓐ Konnts du de Schüler dat erklären?

  Ⓑ Hues du de Schüler dat erkläre kënnen?

  Ⓒ Hues du de Schüler dat erkläre gekonnt?

5. Muss dat sinn?

  Ⓐ Misst dat sinn?

  Ⓑ Huet dat misse sinn?

  Ⓒ Huet mussen dat sinn?

Merke Für die Modalverben außer **mussen** können Sie die einfache oder die zusammengesetzte Vergangenheit benutzen, um eine Handlung in der Vergangenheit auszudrücken. Das Hilfsverb lautet **hunn**, die Partizipien sind **däerfen**, **gewollt**, **kënnen** bzw. **wëllen**.

A. Welcher Satz entspricht sinngemäß dem oben genannten?

1. Et war mir net méiglech, mat mengem Frënd ze skypen.

  Ⓐ Ech hunn net misse mat mengem Frënd skypen.

  Ⓑ Ech konnt net mat mengem Frënd skypen.

  Ⓒ Ech duerft net mat mengem Frënd skypen.

2. Et war him verbueden, um Internet ze surfen.

  Ⓐ Ech duerft net um Internet surfen.

  Ⓑ Hatt huet net um Internet däerfe surfen.

  Ⓒ Hatt huet net mussen um Internet surfen.

3. Mir hunn eis deen neisten Tablet gewënscht.

  Ⓐ Mir hu misse deen neisten Tablet wëllen.

  Ⓑ Mir hunn deen neisten Tablet kréie wollten.

  Ⓒ Mir wollten deen neisten Tablet kréien.

Lösung
Seite 268

4. Virun 20 Joer war fëmmen am Restaurant nach erlaabt.

   Ⓐ Virun 20 Joer huet een nach däerfen am Restaurant fëmmen.

   Ⓑ Virun 20 Joer huet een nach am Restaurant fëmme geduerft.

   Ⓒ Virun 20 Joer huet een am Restaurant net fëmme mussen.

5. Et war néideg, säi Passwuert anzeginn.

   Ⓐ Et huet ee säi Passwuert däerfen aginn.

   Ⓑ Et huet ee misse säi Passwuert aginn.

   Ⓒ Et huet een net däerfe säi Passwuert aginn.

Fokus   **Wortschatz: Internet und soziale Medien**

A. Ergänzen Sie den passenden Begriff. Es sind mehrere Antworten möglich!

1. Déi Firma huet eng interessant _____.

   Ⓐ Internetsäit   Ⓑ Homepage   Ⓒ Reklamm

2. Ech hunn e puer Fotoen aus der Vakanz _____.

   Ⓐ gepost   Ⓑ gesent   Ⓒ gemaach

3. Hues du den Owend Zäit fir ze _____.

   Ⓐ chatten   Ⓑ texten   Ⓒ netten

4. D'_____ bei eis doheem ass vill ze lues.

   Ⓐ Internetverbindung   Ⓑ Connexioun   Ⓒ Kommunikatioun

5. Mir hunn hei leider kee _____.

   Ⓐ Spaweck   Ⓑ Reseau   Ⓒ Netz

6. Wéi ass d'_____fir de WiFi?

   Ⓐ Code   Ⓑ Passwuert   Ⓒ Schlëssel

7. Déi meescht Leit hunn haut e gudden _____ zum Internet.

   Ⓐ Accès   Ⓑ Zougang   Ⓒ Iwwergang

8. Vergiess net, deng Donnéeën ze_____.

   Ⓐ saven   Ⓑ gardéieren   Ⓒ späicheren

Verben

wielen	*(aus)wählen*
spueren	*sparen*
skypen	*skypen*
chatten	*chatten*
posten	*im Internet posten*
surfen	*surfen*
texten	*SMS schreiben*
späicheren	*speichern*
saven	*speichern*

Nomen

Verbuet, Verbueter, n.	*Verbot*
Obligatioun, Obligatiounen, f.	*Verpflichtung*
Méiglechkeet, Méiglechkeeten, f.	*Möglichkeit*
Recommandatioun, Recommandatiounen, f.	*Empfehlung*
Erlaabnis, f.	*Erlaubnis*
Internetsäit, Internetsäiten, f.	*Internetseite*
Verbindung, Verbindungen, f.	*Verbindung*
Passwuert, Passwierder, n.	*Passwort*
Homepage, Homepagen, f.	*Homepage*
Reseau, Reseauen, m.	*Netz*
Netz, Netzer, n.	*Netz*
Spaweck, Spawecken, m.	*Spinnennetz*
Accès, Accèsen, m.	*Zugang*
Zougang, Zougäng, m.	*Zugang*

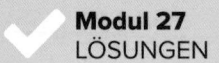

Modul 27
LÖSUNGEN

Grundlagen

IHR
PUNKTE-
STAND:

SEITEN 259 - 260
Bedeutung der Modalverben (Wiederholung)
A. 1 **A** 2 **B** 3 **B** 4 **B** 5 **B** 6 **B** 7 **B** 8 **A**
B. 1 **B** 2 **A** 3 **A** 4 **A** 5 **A** 6 **A** 7 **A** 8 **A**

....

SEITEN 260 - 261
Modalverben in der einfachen Vergangenheit: **kënnen**
A. 1 **B** 2 **C** 3 **C** 4 **A** 5 **C** 6 **B** 7 **B** 8 **C**

....

SEITEN 261
Modalverben in der einfachen Vergangenheit: **sollen**
A. 1 **B** 2 **C** 3 **B** 4 **C** 5 **C** 6 **B** 7 **C** 8 **A**

....

SEITE 262
Modalverben in der einfachen Vergangenheit: **däerfen**
A. 1 **C** 2 **B** 3 **A** 4 **C** 5 **A** 6 **C** 7 **B** 8 **B**

....

SEITEN 262 - 263
Modalverben in der einfachen Vergangenheit: **wëllen**
A. 1 **C** 2 **B** 3 **A** 4 **C** 5 **C** 6 **A** 7 **C** 8 **B**

....

SEITEN 263 - 264
Vergangenheit des Modalverbs **mussen**
A. 1 **A/B/C** 2 **C** 3 **A/B** 4 **A** 5 **A**

....

SEITEN 264 - 266
Vergangenheit der Modalverben
A. 1 **A/B** 2 **B/C** 3 **B** 4 **A/B** 5 **B**
B. 1 **B** 2 **B** 3 **C** 4 **A** 5 **B**

....

SEITE 266
Wortschatz: Internet und soziale Medien
A. 1 **A/B** 2 **A** 3 **A/B** 4 **A/B** 5 **B/C** 6 **B** 7 **A/B** 8 **A/C**

Sie haben zwischen 0 und 23 Punkte? Wiederholen Sie noch einmal die Aufgaben, in denen Sie
Fehler gemacht haben, und schauen Sie sich die entsprechenden Stellen erneut an.
Sie haben zwischen 24 und 44 Punkte? Das könnte ein wenig besser sein. Aber nicht verzagen!
Sie haben zwischen 45 und 65 Punkte? Großartig! Analysieren Sie Ihre Fehler, und wiederholen
Sie nötigenfalls die Themen, die Sie noch nicht ganz beherrschen.
Sie haben 66 Punkte oder mehr? Dir sidd wierklech tipptopp!

> **Merke** Neben den Verben **sinn** und **hunn** (vgl. Modul 25) und den Modalverben (vgl. Modul 27) besitzen ca. 30 weitere Verben des Luxemburgischen eine Präteritumsform. Dieses Modul widmet sich ausschließlich der Konjugation bestimmter Verben, bei denen die Verwendung des Präteritums üblich ist.

Fokus **Präteritum des Verbs *ginn***

> **Lösung Seite 278**

*A. Ergänzen Sie die passende Konjugationsform des Verbs **ginn** in der einfachen Vergangenheit (Präteritum).*

1. Am Musée _____ et eng interessant Ausstellung.
   - **A** géif
   - **B** gouft
   - **C** gouf
   - **D** goufet

2. Bei deem Radar _____ ech geblëtzt.
   - **A** gouf
   - **B** goufen
   - **C** géifen
   - **D** goung

3. D'Leit _____ de Sportler Waasser.
   - **A** géifen
   - **B** goufen
   - **C** gouften
   - **D** géift

4. _____ du net midd vum ville Schaffen ?
   - **A** Gouf
   - **B** Géifs
   - **C** Goufes
   - **D** Goufs

5. Mir _____ rosen iwwert d'Resultat.
   - **A** goufte
   - **B** goufe
   - **C** géifte
   - **D** ginge

6. _____ Dir och op d'Party invitéiert?
   - **A** Gifft
   - **B** Gouftet
   - **C** Goungt
   - **D** Gouft

7. Wéini _____ den Henri Grand-Duc ?
   - **A** gouf
   - **B** géift
   - **C** gouft
   - **D** gëtt

8. D'Madame Jacobs _____ nei Direktesch.
   - **A** gitt
   - **B** gouf
   - **C** gouft
   - **D** géift

> **Merke** Das Verb **ginn** ist sehr vielseitig. Es bedeutet „*geben*" oder „*werden*", es kann als Hilfsverb für das Konditional und auch für passivische Aussagen benutzt werden. Es drückt auch „*es gibt, dort ist*" aus: **et gëtt/et ginn**.

Fokus **Präteritum des Verbs *goen***

Lösung
Seite 278

*A. Ergänzen Sie die passende Konjugationsform des Verbs **goen**
in der einfachen Vergangenheit (Präteritum).*

1. Mir _____ all Dag spadséieren.
   - **A** géingen
   - **B** goungen
   - **C** goufen
   - **D** gaangen

2. Mat wiem _____ deng Nopesch an d'Vakanz ?
   - **A** gaang
   - **B** goung
   - **C** goungt
   - **D** gouft

3. Du _____ net mat schwammen.
   - **A** goungs
   - **B** gaangs
   - **C** géngs
   - **D** gous

4. Eisen Direkter _____ eleng op d'Konferenz.
   - **A** géing
   - **B** gaangt
   - **C** géingt
   - **D** goung

5. Et _____ him net gutt.
   - **A** gaang
   - **B** goung
   - **C** got
   - **D** géing

6. Ech _____ net gär an de Bësch lafen.
   - **A** goung
   - **B** goungen
   - **C** gaangen
   - **D** goungt

7. Seng Kolleege _____ hien an d'Spidol besichen.
   - **A** goungten
   - **B** goungen
   - **C** gaangen
   - **D** goten

8. Wat _____ Dir an de Kino kucken?
   - **A** got
   - **B** gaangt
   - **C** géingt
   - **D** goungt

Fokus **Präteritum des Verbs *kommen***

*A. Ergänzen Sie die passende Konjugationsform des Verbs **kommen**
in der einfachen Vergangenheit (Präteritum).*

1. Vill Leit _____ op de Vernissage.
   - **A** koummen
   - **B** koumen
   - **C** kommten
   - **D** kamen

2. Haut de Moie _____ ech ze spéit an de Cours.
   - **A** koum
   - **B** kommt
   - **C** kommte
   - **D** kam

3. Um wéi vill Auer _____ däi Mann heem?

   A koumt   **B** koum   **C** kommte   **D** kamt

4. _____ du net eran?

   A Koums   **B** Komms   **C** Kams   **D** Koummes

5. D'Michelle_____ mat sengem neie Frënd.

   A kamt   **B** koumt   **C** kommt   **D** koum

6. Vu wou _____ Dir?

   A koumt   **B** kammt   **C** kommt   **D** koumet

7. Mir _____ direkt un d'Rei beim Dokter.

   A koumten   **B** koumen   **C** kamen   **D** kommten

8. D'Kaz _____ all Owend bei eis friessen.

   A koum   **B** koumt   **C** kamt   **D** kommt

Fokus **Präteritum des Verbs *soen***

Lösung
Seite 278

A. Ergänzen Sie die passende Konjugationsform des Verbs **soen** *in der einfachen Vergangenheit (Präteritum).*

1. Wat _____ den Dokter?

   A seetet   **B** sot   **C** sout   **D** sott

2. _____ du eppes?

   A Soss   **B** Sotes   **C** Sos   **D** Sots

3. Mir _____ eisen Nopere just „Moien".

   A soten   **B** sotten   **C** saten   **D** seeten

4. _____ Dir net „Bonjour"?

   A Sotet   **B** Sot   **C** Sott   **D** Soset

5. Ech _____ mengem Chef direkt Bescheed.

   A sote   **B** seet   **C** sot   **D** sotet

6. D'Kanner _____ eis net „Äddi".

   A seeten   **B** sotten   **C** soten   **D** soen

7. Mäi Meedche _____ mir alles.

   A seetet   **B** sot   **C** sat   **D** sott

8. Den Här Mayer _____ seng Vakanz of.

   A sot   **B** seet   **C** sott   **D** sat

Fokus   **Präteritum des Verbs *wëssen***

Lösung
Seite 278

*A. Ergänzen Sie die passende Konjugationsform des Verbs **wëssen** in der einfachen Vergangenheit (Präteritum).*

1. Mir _____ alles am Examen.

   A woussten   **B** wussten   **C** wissten   **D** woussen

2. Hatt _____ eisen Numm net méi.

   A wouss   **B** wusst   **C** wousst   **D** wisst

3. _____ du Bescheed?

   A Wouss   **B** Wousst   **C** Wiss   **D** Wusst

4. Kee Mënsch _____, wat lass war.

   A wousst   **B** wouss   **C** wisst   **D** wusst

5. Ech _____ de Wee net méi.

   A wousst   **B** woussen   **C** wussen   **D** woussten

6. Seng Fra _____ net, wat soen.

   A wousst   **B** wusst   **C** wisst   **D** wësst

7. _____ Dir d'Adress vum Hotel?

   A Wousset   **B** Wousst   **C** Wusst   **D** Wësst

8. Wat _____ si iwwert dat Evenement?

   A wusste   **B** wousste   **C** wousse   **D** wësste

Merke   **Wosst** ist eine Variante von **wousst**.

Lösung
Seite 278

Fokus Präteritum des Verbs *kréien*

*A. Ergänzen Sie die passende Konjugationsform des Verbs **kréien**
in der einfachen Vergangenheit (Präteritum).*

1. Wat _____ du fir däi Gebuertsdag?
   - **A** krus
   - **B** krutes
   - **C** krass
   - **D** kruss

2. D'Madame Molitor _____ eng Promotioun.
   - **A** krutet
   - **B** krut
   - **C** krutt
   - **D** krittet

3. Ech _____ den Zuch nach just.
   - **A** krut
   - **B** kruten
   - **C** kritten
   - **D** krutt

4. Mir _____ eng gutt Noriicht.
   - **A** krutten
   - **B** kritten
   - **C** kruten
   - **D** kréiten

5. Eis Nopere _____ Zwillingen.
   - **A** kréiten
   - **B** krutten
   - **C** kruteten
   - **D** kruten

6. De Paul _____ en neie Mataarbechter.
   - **A** kruttet
   - **B** krut
   - **C** krutt
   - **D** kréit

7. _____ Dir och e Bréif vun der Direktioun?
   - **A** Krutt
   - **B** Krut
   - **C** Krittet
   - **D** Kréitet

8. D'Anna _____ säin Diplom leschte Summer.
   - **A** krut
   - **B** krutt
   - **C** krittet
   - **D** kréitt

Fokus Präteritum des Verbs *sëtzen*

*A. Ergänzen Sie die passende Konjugationsform des Verbs **sëtzen**
in der einfachen Vergangenheit (Präteritum).*

1. Ech _____ de ganzen Dag dobannen.
   - **A** saz
   - **B** souz
   - **C** sëtzt
   - **D** souzen

2. Wou _____ Dir am Kino?
   - **A** souzt
   - **B** saazt
   - **C** souzet
   - **D** sëtztet

3. D'Kand _____ bei sengem Papp um Schouss.

- **A** souzt
- **B** souz
- **C** sëtzt
- **D** saazt

4. _____ du nieft dengem Brudder?

- **A** Souzes
- **B** Souz
- **C** Suzz
- **D** Saz

5. De Mike _____ laang am Park.

- **A** souzt
- **B** saazt
- **C** souz
- **D** sëtztet

6. Mir _____ hannen am Fliger.

- **A** souzen
- **B** souzten
- **C** suzzen
- **D** sazen

7. Nieft wiem _____ deng Frëndin?

- **A** suzz
- **B** souzt
- **C** soutz
- **D** souz

8. D'Kanner _____ brav um Dësch.

- **A** suzze
- **B** souze
- **C** souzte
- **D** sëtzte

Fokus **Präteritum des Verbs *stoen***

Lösung
Seite 278

*A. Ergänzen Sie die passende Konjugationsform des Verbs **stoen** in der einfachen Vergangenheit (Präteritum).*

1. De Proff _____ déi ganz Stonn bei der Tafel.

- **A** stoung
- **B** stoungt
- **C** steete
- **D** stot

2. Ech _____ laang do ze waarden.

- **A** stoung
- **B** stote
- **C** stounge
- **D** steete

3. Firwat _____ du am Reen?

- **A** steets
- **B** stoots
- **C** stounges
- **D** stoungs

4. Mir _____ eng hallef Stonn virun der Dier.

- **A** stungen
- **B** stoungen
- **C** stongten
- **D** stoten

5. D'Leit _____ an der Schlaang.

- **A** stoten
- **B** stoungen
- **C** stoungten
- **D** steeten

6. D'Buch _____ net méi am Regal.

   (A) stoung   (B) stat   (C) stot   (D) steetet

7. Wéi laang _____ Dir virum Kino?

   (A) stoungtet   (B) stounget   (C) stotet   (D) stoungt

8. D'Noriicht _____ an der Zeitung an um Internet.

   (A) stot   (B) stoung   (C) stoungt   (D) stotet

Fokus Präteritum des Verbs *leien*

Lösung
Seite 278

A. Ergänzen Sie die passende Konjugationsform des Verbs **leien** *in der einfachen Vergangenheit (Präteritum).*

1. A wat fir engem Spidol _____ de Jos?

   (A) louch   (B) loucht   (C) lucht   (D) leet

2. Mäi Buch _____ de ganzen Zäit um Dësch.

   (A) louch   (B) loucht   (C) läitet   (D) leetet

3. Ech _____ de ganze Weekend op dem Canapé.

   (A) louche   (B) louch   (C) leetet   (D) leete

4. Mir _____ 2:1 vir mat eiser Equipe.

   (A) louchten   (B) louchen   (C) leeten   (D) läiten

5. _____ dir nach laang op der Plage?

   (A) Loucht   (B) Louchet   (C) Luchet   (D) Leetet

6. _____ du gutt am Ligestull?

   (A) Luchtes   (B) Louchts   (C) Luchs   (D) Louchs

7. D'Touriste _____ de ganzen Dag op der Plage.

   (A) luchten   (B) louchen   (C) louchten   (D) leeten

8. Meng Schwëster war midd a _____ mam Kapp um Dësch.

   (A) louch   (B) loucht   (C) leete   (D) lucht

Modul 28
GRUNDLAGEN

Lösung Seite 278

Fokus Präteritum des Verbs *hänken*

A. Ergänzen Sie die passende Konjugationsform des Verbs **hänken** *in der einfachen Vergangenheit (Präteritum).*

1. Meng Schwëster _____ eng Stonn um Telefon.
   - **A** houngt
   - **B** houng
   - **C** hangt
   - **D** hung

2. Ech _____ de ganzen Dag an der Stad.
   - **A** houng
   - **B** houngen
   - **C** hangen
   - **D** houngt

3. Dir _____ zimlech midd um Stull.
   - **A** houngtet
   - **B** houngt
   - **C** hungt
   - **D** hangt

4. _____ du gëschter nees bei denge Frënn?
   - **A** Houngs
   - **B** Hunges
   - **C** Hänktes
   - **D** Hangts

5. Mäi Mantel _____ um Mantelbriet.
   - **A** houng
   - **B** houngt
   - **C** hungt
   - **D** houngtet

6. Déi naass Kleeder _____ am Keller.
   - **A** hungen
   - **B** houngen
   - **C** hungten
   - **D** hongen

7. Mir haten näischt ze dinn, mir _____ just erëm.
   - **A** houngte
   - **B** hounge
   - **C** hängte
   - **D** haange

8. D'Kräiz _____ an der Kierch un der Mauer.
   - **A** haang
   - **B** hangt
   - **C** houngt
   - **D** houng

Merke **Hänken** bedeutet „*hängen*", auch im Sinne von „*träge herumhängen*".

Verben/Verbale Ausdrücke

Bescheed soen	*Bescheid sagen*
Bescheed wëssen	*informiert sein, Bescheid wissen*
an der Schlaang stoen	*in der Schlange stehen*
ginn	*geben; werden*
goen	*gehen*
kommen	*kommen*
soen	*sagen*
wëssen	*wissen*
kréien	*bekommen*
leien	*liegen*
sëtzen	*sitzen*
stoen	*stehen, geschrieben sein (z. B. in einem Buch)*
hänken	*hängen*

Nomen

Ligestull , Ligestill, m.	*Liegestuhl*
Schlaang, Schlaangen, f.	*Schlange; Warteschlange*
Kräiz, Kräizer, n.	*Kreuz*

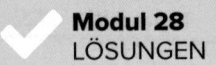

Modul 28
LÖSUNGEN

Grundlagen

IHR
PUNKTE-
STAND:

SEITE 269
Präteritum des Verbs **ginn**
A. 1 **C** 2 **A** 3 **B** 4 **D** 5 **B** 6 **D** 7 **A** 8 **B**

SEITE 270
Präteritum des Verbs **goen**
A. 1 **B** 2 **B** 3 **A** 4 **D** 5 **B** 6 **A** 7 **B** 8 **D**

SEITEN 270 - 271
Präteritum des Verbs **kommen**
A. 1 **B** 2 **A** 3 **B** 4 **A** 5 **D** 6 **A** 7 **B** 8 **A**

SEITEN 271 - 272
Präteritum des Verbs **soen**
A. 1 **B** 2 **C** 3 **A** 4 **B** 5 **C** 6 **C** 7 **B** 8 **A**

SEITE 272
Präteritum des Verbs **wëssen**
A. 1 **A** 2 **C** 3 **B** 4 **A** 5 **A** 6 **A** 7 **A** 8 **B**

SEITE 273
Präteritum des Verbs **kréien**
A. 1 **A** 2 **B** 3 **A** 4 **C** 5 **D** 6 **B** 7 **B** 8 **A**

SEITEN 273 - 274
Präteritum des Verbs **sëtzen**
A. 1 **B** 2 **A** 3 **B** 4 **B** 5 **C** 6 **A** 7 **D** 8 **B**

SEITEN 274 - 275
Präteritum des Verbs **stoen**
A. 1 **A** 2 **A** 3 **D** 4 **B** 5 **B** 6 **A** 7 **D** 8 **B**

SEITE 275
Präteritum des Verbs **leien**
A. 1 **A** 2 **A** 3 **B** 4 **B** 5 **A** 6 **D** 7 **B** 8 **A**

SEITE 276
Präteritum des Verbs **hänken**
A. 1 **B** 2 **A** 3 **B** 4 **A** 5 **A** 6 **B** 7 **B** 8 **D**

Sie haben zwischen 0 und 25 Punkte? Wiederholen Sie noch einmal die Aufgaben, in denen Sie Fehler gemacht haben, und schauen Sie sich die entsprechenden Stellen erneut an.

Sie haben zwischen 26 und 52 Punkte? Das könnte ein wenig besser sein. Aber nicht verzagen!

Sie haben zwischen 53 und 74 Punkte? Großartig! Analysieren Sie Ihre Fehler, und wiederholen Sie nötigenfalls die Themen, die Sie noch nicht ganz beherrschen.

Sie haben 75 Punkte oder mehr? Dir sidd wierklech tipptopp!

Fokus   **Seine Meinung ausdrücken**

Lösung
Seite 288

A. Ergänzen Sie das passende Element.

1. Wat _____ Dir vun der Reform?
   - **A** fannt
   - **B** sot
   - **C** haalt

2. Wéi _____ du máin neien Auto?
   - **A** häls
   - **B** fënns
   - **C** sees

3. Ech _____, dat ass keng gutt Iddi.
   - **A** verstinn
   - **B** halen
   - **C** fannen

4. Wat _____ Dir iwwert déi nei Reegelung?
   - **A** sot
   - **B** fannt
   - **C** haalt

5. Ech _____ net vill vun där Iddi.
   - **A** soen
   - **B** mengen
   - **C** halen

6. _____ Dir den neien Direkter och sympathesch?
   - **A** Denkt
   - **B** Gesitt
   - **C** Fannt

7. Ech si ganz mat dir _____.
   - **A** an der Rei
   - **B** averstan
   - **C** Meenung

8. _____ ass dat eng gutt Saach.
   - **A** Menger Meenung no
   - **B** Mech no
   - **C** Ech fannen

B. Ergänzen Sie die Sätze. Es sind mehrere Antworten möglich!

1. Ech halen net vill _____.
   - **A** iwwert dee Projet
   - **B** vun deem Projet
   - **C** zu deem Projet

2. Wat denkt Dir _____?

   A mat der neier Regierung

   B fir déi nei Regierung

   C iwwert déi nei Regierung

Lösung Seite 288

3. Sidd Dir och _____?

   A fir eng Vitesslimitatioun

   B mat enger Vitesslimitatioun

   C géint eng Vitesslimitatioun

4. Wie gewënnt _____ d'Championnat?

   A no deng Meenung

   B deng Meenung no

   C denger Meenung no

5. Ech mengen, _____.

   A dat ass déi richteg Decisioun

   B datt dat déi richteg Decisioun ass

   C datt dat ass déi richteg Decisioun

C. Welcher Satz wurde korrekt ins Konditional Präsens übertragen?

1. Ech maache mir Suergen.

   A Ech géif maache mir Suergen.

   B Ech géing mir Suerge maachen.

   C Ech maacht mir Suergen.

2. Ech soen dat net.

   A Ech géif dat net soen.

   B Ech séit dat net.

   C Ech géing soen dat.

3. Wat méchs du a menger Plaz?

   Ⓐ Wat a menger Plaz géifs du maachen?

   Ⓑ Wat maache géifs du a menger Plaz?

   Ⓒ Wat géifs du a menger Plaz maachen?

**Lösung
Seite 288**

4 Mir fueren am Summer fort.

   Ⓐ Mir fieren am Summer fort.

   Ⓑ Mir géingen am Summer fortfueren.

   Ⓒ Mir géife fort am Summer fueren.

5 Si schaffen de ganzen Dag.

   Ⓐ Si schaffe géifen de ganzen Dag.

   Ⓑ Si géinge schaffen de ganzen Dag.

   Ⓒ Si géingen de ganzen Dag schaffen.

Merke Das Konditional Präsens setzt sich meist aus dem Konditional des Verbs **goen** (**ech géing**) oder **ginn** (**ech géif**) + dem Infinitiv des Verbs am Satzende zusammen. Beispiel: **Ech géif d'Tëlee kucken** oder **Ech géing d'Tëlee kucken** *„Ich würde fernsehen"*.

Fokus   Konditional Präsens des Verbs *hunn*

*A. Welche ist die korrekte Konjugationsform des Verbs **hunn** im Konditional Präsens?*

1. Du _____ méi Chance wéi ech.

   Ⓐ has   Ⓑ hues   Ⓒ häss

2. Ech _____ keng Angscht virun deem Challenge.

   Ⓐ hätte   Ⓑ hätt   Ⓒ hätten

3. Wat _____ de Maurice als Alternativ?

   Ⓐ hat   Ⓑ hätt   Ⓒ hättet

4. _____ Dir ee Moment Zäit?

   Ⓐ Hätt   Ⓑ Hättet   Ⓒ Hütt

5. D'Madame Wagner _____ nach eng Fro.

   Ⓐ hätt   Ⓑ huet   Ⓒ hättet

Lösung
Seite 288

6. D'Awunner _____ keng aner Méiglechkeet wéi déi.

   A hättete   **B** hatte   **C** hätte

7. Mir _____ och nach eppes fir lech.

   A hätt   **B** hätten   **C** hütten

8. _____ dat Buch wierklech Succès?

   A Hütt   **B** Hätt   **C** Hättet

Fokus   **Konditional Präsens des Verbs *sinn***

*A. Welche ist die korrekte Konjugationsform des Verbs **sinn** im Konditional Präsens? Es sind mehrere Antworten möglich!*

1. Ech _____ direkt dobäi.

   A wor   **B** wieren   **C** wier   **D** wär

2. Wat _____ deng Propositioun?

   A wiert   **B** wär   **C** wäert   **D** war

3. _____ dat och méiglech?

   A Wier   **B** Wär   **C** Wuer   **D** War

4. Mir _____ immens frou doriwwer.

   A waren   **B** woren   **C** wieren   **D** wierten

5. _____ Dir och mat där Decisioun averstan?

   A Wiert   **B** Wäertet   **C** Wäert   **D** Woort

6. Du _____ bestëmmt bei deenen Beschten.

   A wäres   **B** werrs   **C** wäers   **D** wiers

7. De Frank _____ sécher net menger Meenung.

   A woort   **B** waart   **C** wiert   **D** wier

8. Wat _____ d'Kanner frou iwwert dee Kaddo!

   A wären   **B** waren   **C** wäerten   **D** wieren

Merke Das Konditional Präsens von **sinn** verfügt über zwei äquivalente Formen.

Fokus **Konditional Präsens einiger ausgewählter Verben**

Lösung
Seite 288

A. Welches ist die korrekte Übersetzung im Konditional Präsens?
Es sind mehrere Antworten möglich!

1. Ich würde auch zur Vernissage kommen.

   A Ech géif och op de Vernissage kommen.

   B Ech kommt och op de Vernissage.

   C Ech kéim och op de Vernissage.

2. Du könntest mir Bescheid sagen.

   A Du konnts mir Bescheed soen.

   B Du géifs kënne mir Bescheed soen.

   C Du kéints mir Bescheed soen.

3. Müsste er nicht in der Schule sein?

   A Misstet hien net an der Schoul sinn?

   B Misst hien net an der Schoul sinn?

   C Géing hie mussen net an der Schoul sinn?

4. Sie würden das beste Zimmer bekommen.

   A Dir géift dat bescht Zëmmer kréien.

   B Dir krittet dat bescht Zëmmer.

   C Dir kréicht dat bescht Zëmmer.

5. Wir bräuchten Ihre Unterschrift.

   A Mir bréichen Är Ënnerschrëft.

   B Mir bräuchten Är Ënnerschrëft.

   C Mir bräichten Är Ënnerschrëft.

Merke Einige Verben haben ihre eigenen Konditionalformen und müssen daher nicht aus einem Hilfsverb und einem Infinitiv zusammengesetzt werden. Dazu gehören z. B. **sinn** und **hunn**, aber auch die Positionsverben, die Modalverben und einige andere Verben wie **kommen**, **kréien**, **wëssen**, **brauchen**. Sie können dennoch im Konditional mithilfe von Hilfsverben konjugiert werden. So sind **Ech kéim**, **Ech géif kommen** und **Ech géing kommen** (*„Ich würde kommen"*) gleichermaßen korrekt.

Lösung
Seite 288

Fokus	**Personalpronomen im Akkusativ und Dativ**

A. Welches Nomen + Artikel bzw. Possessivpronomen wird durch das unterstrichene Pronomen repräsentiert? Es sind mehrere Antworten möglich!

1. Ech froen <u>hien</u> no senger Meenung.
   - **A** mäi Frënd
   - **B** mengem Papp
   - **C** meng Schwëster

2. Ech soen <u>hir</u> meng Meenung.
   - **A** der Direktesch
   - **B** dem Direkter
   - **C** d'Nopesch

3. Wat ass Är Meenung iwwert <u>si</u>?
   - **A** d'Reform
   - **B** der Kolleegin
   - **C** d'Kolleegin

4. Dir musst <u>hinnen</u> dat erklären.
   - **A** de Schüler
   - **B** de Schülerinnen
   - **C** d'Leit

5. Hutt Dir mat <u>him</u> doriwwer geschwat?
   - **A** Ärem Mann
   - **B** Ärem Meedchen
   - **C** Ärer Fra

6. Ouni <u>si</u> ginn ech net fort.
   - **A** mäin Hond
   - **B** meng Kaz
   - **C** meng Déieren

7. Wat hues du fir <u>si</u> gemaach?
   - **A** der Kanner
   - **B** seng Kanner
   - **C** eis Kanner

8. Gëschter hu mir <u>hatt</u> gesinn.
   - **A** de Paul
   - **B** d'Pauline
   - **C** d'Madame Lux

Fokus	**Pronomen und ihre Präpositionen**

A. Ersetzen Sie den unterstrichenen Satzteil durch das passende Präpositionalpronomen.

1. Mir soen eis Meenung <u>iwwert d'Campagne</u>.
   - **A** iwwert et
   - **B** doiwwer
   - **C** diwwer
   - **D** doriwwer

2. Mir hu <u>mam Direkter</u> geschwat.
   - **A** domat
   - **B** mat hien
   - **C** mat him
   - **D** mat en

3. Wat haalt dir <u>vun deem Plang</u>?
   - **A** vun deem
   - **B** dovun
   - **C** vun dat
   - **D** vun him

4. Sidd Dir <u>mat Äre Mataarbechter</u> averstan?

    A mat him   **B** domat   **C** mat hinnen   **D** mat deem

5. Hutt Dir eng Meenung <u>zu deem Thema</u>?

    A zu deem   **B** zu him   **C** dozu   **D** dozou

6. Mir hu laang <u>iwwert seng Projete</u> geschwat.

    A doriwwer   **B** iwwert dat   **C** iwwert hinnen   **D** driwwert

---

Fokus   **Zwei Pronomen im Satz**

A. Welcher Satz mit zwei Pronomen entspricht dem oben angegebenen?

Lösung Seite 288

1. De Proff erklaërt de Schüler den Exercice.

    A Hien erklaërt hinnen en.

    B Hatt erklaërt se hinnen.

    C Hien erklaërt et hinnen.

2. De Guide weist den Touristen d'Stad.

    A Hie weist si se.

    B Si weist si hinnen.

    C Hie weist hinne se.

3. De Garçon recommandéiert dem Client de beschte Wäin.

    A Hie recommandéiert him en.

    B Hie recommandéiert hien him.

    C Hie recommandéiert et him.

4. D'Doktesch verbitt dem Patient d'Fëmmen.

    A Si verbitt dat him.

    B Si verbitt him et.

    C Hie verbitt hir et.

5. D'Sarah erzielt de Kanner d'Geschicht vum Sandmännchen.

    A Si erzielt hinnen dovun.

    B Hatt erzielt him et.

    C Hatt erzielt hinne se.

Modul 29
GRUNDLAGEN

Merke Die Pronomen für unbelebte Substantive im Nominativ und Akkusativ lauten **en**, **se** und **et**. In der Regel stellt man das Dativpronomen vor das Akkusativpronomen.

Fokus Teilungspronomen „den, das, davon, die"

Lösung
Seite 288

A. Welche Antwort passt zu der gestellten Frage?

1. Braucht Dir nach Pabeier?
   - **A** Nee Merci, ech hunn es nach.
   - **B** Jo, ech brauch der.
   - **C** Nee Merci, ech hunn dovun.

2. Hutt Dir Kanner?
   - **A** Jo, mir hunn es zwee.
   - **B** Jo, mir hunn der dräi.
   - **C** Nee, mir hunn der keng.

3. Wou gëtt et gudde Kaffi?
   - **A** Du fënns der am Café "Kaffistut".
   - **B** Et gëtt es am Café Muller.
   - **C** Et gëtt dat an der Stad.

4. Kënne mir nach Kichelcher kréien?
   - **A** Jo sécher, huelt Iech der nach.
   - **B** Jo natierlech, Dir kritt se gär.
   - **C** Nee, et sinn der net do.

5. Wéi vill Schüler hutt Dir an Ärer Klass?
   - **A** Ech hunn der 20 Schüler.
   - **B** Ech hunn der 20, an Dir?
   - **C** Ech hunn es 20, an du?

Merke Die Pronomen, die stellvertretend für eine Menge benutzt werden können, lauten **es** (m., n.) „den, das, davon" bzw. **der** (f., Pl.) „die", je nach Genus und Numerus des Nomens, für das das Pronomen steht. Auf das Pluralpronomen **der** kann eine Zahl folgen.

Wendungen/Wichtige Ausdrücke

Wat haalt Dir vun ...	*Was halten Sie von ...?*
Wat denkt Dir iwwert ...?	*Was denken Sie über ...?*
Wéi fënns du ...?	*Wie findest du ... ?*
menger Meenung no	*meiner Meinung nach*
Ech sinn averstan mat ...	*Ich bin einverstanden mit ...*
sech Suerge maachen ëm ...	*sich Sorgen machen über ...*

Nomen

Meenung, Meenungen, f.	*Meinung*
Projet, Projeten, m.	*Plan, Projekt*
Plang, Pläng, m.	*Plan*
Propositioun, Propositiounen, f.	*Vorschlag*

Verben

mengen	*meinen, denken*
denken	*denken*
fannen	*finden*

Adverbien

bestëmmt	*bestimmt*
sécher	*sicher*

Modul 29
LÖSUNGEN

Grundlagen

SEITEN 279 - 281

Seine Meinung ausdrücken

1 **C** 2 **B** 3 **C** 4 **A** 5 **C** 6 **C** 7 **B** 8 **A**

1 **B** 2 **C** 3 **A/C** 4 **C** 5 **A/B**

1 **B** 2 **A** 3 **C** 4 **B** 5 **C**

. . . .

SEITEN 281 - 282

Konditional Präsens des Verbs **hunn**

1 **C** 2 **B** 3 **B** 4 **A** 5 **A** 6 **C** 7 **B** 8 **B**

. . . .

SEITE 282

Konditional Präsens des Verbs **sinn**

1 **C/D** 2 **B** 3 **A/B** 4 **C** 5 **A/C** 6 **C/D** 7 **D** 8 **A/D**

. . . .

SEITE 283

Konditional Präsens einiger ausgewählter Verben

1 **A/C** 2 **C** 3 **B** 4 **A/C** 5 **C**

. . . .

SEITE 284

Personalpronomen im Akkusativ und Dativ

1 **A** 2 **A** 3 **C** 4 **A/B** 5 **A/B** 6 **B/C** 7 **B/C** 8 **B**

. . . .

SEITEN 284 - 285

Pronomen und ihre Präpositionen

1 **D** 2 **C** 3 **B** 4 **C** 5 **D** 6 **A**

. . . .

SEITE 285

Zwei Pronomen im Satz

1 **A** 2 **C** 3 **A** 4 **B** 5 **C**

. . . .

SEITE 286

Teilungspronomen „den, das, davon, die"

1 **A** 2 **B** 3 **B** 4 **A** 5 **B**

Sie haben zwischen 0 und 19 Punkte? Wiederholen Sie noch einmal die Aufgaben, in denen Sie Fehler gemacht haben, und schauen Sie sich die entsprechenden Stellen erneut an.

Sie haben zwischen 20 und 40 Punkte? Das könnte ein wenig besser sein. Aber nicht verzagen!

Sie haben zwischen 41 und 57 Punkte? Großartig! Analysieren Sie Ihre Fehler, und wiederholen Sie nötigenfalls die Themen, die Sie noch nicht ganz beherrschen.

Sie haben 58 Punkte oder mehr? Dir sidd wierklech tipptopp!

Fokus **Indirekte Fragen**

A. Ergänzen Sie das passende Interrogativpronomen.

1. Ech froe mech, _____ hien net komm ass.
   - **A** wou
   - **B** firwat
   - **C** well

   Lösung Seite 298

2. Weess du, _____ geschitt ass?
   - **A** wie
   - **B** wat
   - **C** wou

3. Kanns du mir soen, _____ ech vun hei op d'Gare kommen?
   - **A** wéi
   - **B** wie
   - **C** wou

4. Ech géif gär wëssen, _____ den Zuch fiert.
   - **A** wou
   - **B** well
   - **C** wéini

5. De Jos wëll mir net soen, mat _____ hien iesse geet.
   - **A** wiem
   - **B** wien
   - **C** wou

6. Hues du decidéiert, _____ een Auto s du kafe wëlls?
   - **A** wéi fir
   - **B** wat fir
   - **C** wou fir

7. Et ass net gewosst, _____ den neien Direkter gëtt.
   - **A** wiem
   - **B** wou
   - **C** wien

8. Hues du eng Iddi, _____ mir dem Claire schenke sollen?
   - **A** wie
   - **B** wat
   - **C** firwat

B. Welche indirekte Frage entspricht der oben genannten direkten Frage?

1. Wéi vill Auer ass et?
   - **A** Kanns du mir soen, wéi vill Auer ass et?
   - **B** Kanns du mir soen, wat vill Auer et ass?
   - **C** Kanns du mir soen, wéi vill Auer et ass?

2. Firwat gees du net mat?
   - **A** Ech froe mech, firwat s du net matgees.
   - **B** Ech froe mech, firwat s du net gees mat.
   - **C** Ech froe mech, firwat du net matgees.

3. Wuer fuert dir an d'Vakanz?

   A Hie wëllt wëssen, wou dir fuert an d'Vakanz.

   B Hie wëllt wëssen, wuer dir fuert an d'Vakanz.

   C Hie wëllt wëssen, wuer dir an d'Vakanz fuert.

Lösung
Seite 298

4. Wiem gehéiert deen Auto?

   A Mech interesséiert, deen Auto wiem gehéiert.

   B Mech interesséiert, wiem deen Auto gehéiert.

   C Mech interesséiert, wiem s gehéiert deen Auto.

5. Wéi hutt Dir geschlof?

   A Si freet, wéi Dir geschlof hutt.

   B Si freet, wéi geschlof dir hutt.

   C Si freet, wéi hutt dir geschlof.

> **Merke** In einem Nebensatz taucht ein isoliertes **s** vor dem Pronomen **du** (und nur vor diesem Pronomen!) auf.

C. Welche direkte Frage entspricht der oben angegebenen indirekten Frage?

1. Wësst Dir, wou hei eng Tankstell ass?

   A Wou hei eng Tankstell ass?

   B Wou eng Tankstell hei ass?

   C Wou ass hei eng Tankstell?

2. Ech kann lech net soen, firwat de Computer net méi geet.

   A Firwat geet de Computer net méi?

   B Firwat de Computer net méi geet?

   C Firwat net méi geet de Computer?

3. Wie ka mir soen, wat mir d'lescht Woch am Cours gemaach hunn?

   A Wat mir hunn d'lescht Woch am Cours gemaach?

   B Wat mir d'lescht Woch hunn am Cours gemaach?

   C Wat hu mir d'lescht Woch am Cours gemaach?

4. Weess du schonn, ob s du en Dessert hëls?

   A Ob s du hëls en Dessert?

   B Hëls du ob en Dessert?

   C Hëls du en Dessert?

Lösung
Seite 298

5. Ech froe mech, wiem säin Handy am Kino geschellt huet.

   A Wiem huet säin Handy am Kino geschellt?

   B Wiem säin Handy huet am Kino geschellt?

   C Wiem säin Handy geschellt am Kino huet?

Merke In der indirekten Frage steht das konjugierte Verb, wie in allen Nebensätzen, am Satzende.

Merke Existiert in der direkten Frage kein Interrogativpronomen, benutzt man in der indirekten Frage **ob** („ob") als Konjunktion.

Fokus **Nebensatz mit *datt* („*dass*")**

A. Ergänzen Sie die Sätze. Es sind mehrere Antworten möglich!

1. Ech mengen, _____.

   A kee Bensin hu mir méi

   B mir hu kee Bensin méi

   C datt mir kee Bensin méi hunn

2. Ech fannen, _____.

   A mir hunn eng flott Stad

   B dass mir hunn eng flott Stad

   C datt mir eng flott Stad hunn

3. Mir fannen, _____.

   A datt dat ze wäit geet

   B dat datt ze wäit geet

   C dat geet ze wäit

4. De Pierre mengt, _____.

 A ob de Restaurant gutt ass

 B datt de Restaurant gutt ass

 C de Restaurant gutt ass

5. D'Julie weess, _____.

 A datt seng Iddi gutt ass

 B ob seng Iddi ass gutt

 C gutt ass seng Iddi

Fokus **Konjunktionen *ob* und *wann***

Lösung
Seite 298

A. Ergänzen Sie die passende Konjunktion.

1. Ech weess net, _____ ech genuch Zäit hunn.

 A ob   **B** wann

2. Ech gi mat, _____ et geet.

 A ob   **B** wann

3. _____ mir Zäit hunn, komme mir mat.

 A Ob   **B** Wa(nn)

4. Dat hänkt dovun of, _____ mir Zäit hunn.

 A ob   **B** wann

5. _____ mir dat maache sollen, wësse mir nach net.

 A Ob   **B** Wa(nn)

6. Ech maachen dat nëmmen, _____ ech Suen dofir kréien.

 A ob   **B** wann

7. Ech gi mat, mee nëmme(n) _____ s du och matgees.

 A ob   **B** wann

8. Huet hien dech gefrot, _____ s du matgees?

 A ob   **B** wann

Merke Die Konjunktion **ob** bedeutet in Interrogativsätzen „*ob*", die Konjunktion **wann** bedeutet in Bedingungssätzen „*wenn, falls*".

Fokus Konjunktionen *wann* und *wéi*

A. Ergänzen Sie die passende Konjunktion.

Lösung
Seite 298

1. _____ ech kleng war, hunn ech an der Stad gewunnt.
   Ⓐ Wann   Ⓑ Wéi

2. _____ de Paul 20 Joer al war, huet hien de Führerschäin gemaach.
   Ⓐ Wann   Ⓑ Wéi

3. _____mir dobausse gespillt hunn, hate mer al Kleeder un.
   Ⓐ Wa(nn)   Ⓑ Wéi

4. Ech war ganz schei, _____ ech jonk war.
   Ⓐ wann   Ⓑ wéi

5. Du muss e Casque undoen, _____ s du mam Vëlo fiers.
   Ⓐ wann   Ⓑ wéi

6. _____ de Louis 18 Joer kritt, mécht hien de Führerschäin.
   Ⓐ Wann   Ⓑ Wéi

7. _____mir zu Paräis gelieft hunn, hate mir nach keng Kanner.
   Ⓐ Wa(nn)   Ⓑ Wéi

8. Ech freeë mech, _____ meng Frënn op Besuch kommen.
   Ⓐ wa(nn)   Ⓑ wéi

Merke **Wann** wird mit „*(jedesmal,) wenn*" übersetzt und für Handlungen/Zustände in der Gegenwart und in der Zukunft verwendet. Für eine einmalige Handlung in der Vergangenheit benutzt man **wéi** „*als*".

Fokus Konjunktionen *wann*, *wéi*, *ob*, *wéini* in all ihren Bedeutungen

A. Ergänzen Sie die passende Konjunktion. Es sind mehrere Antworten möglich!

1. Ech froe mech, _____ et mengem Frënd geet.
   Ⓐ ob   Ⓑ wann   Ⓒ wéi   Ⓓ wéini

Lösung
Seite 298

2. Weess du, _____ hien den Exame gepackt huet.

   A ob   **B** wann   **C** wéi   **D** wéini

3. Ech si frou, _____ d'Examen eriwwer sinn.

   A ob   **B** wann   **C** wéi   **D** wéini

4. Et huet de ganzen Zäit gereent, _____ ech an der Vakanz war.

   A ob   **B** wann   **C** wéi   **D** wéini

5. Kanns du mir erklären, _____ deen Apparat funktionéiert?

   A ob   **B** wann   **C** wéi   **D** wéini

6. Ech muss kucken, _____ den Zuch ukënnt.

   A ob   **B** wann   **C** wéi   **D** wéini

7. _____ ech zerécksinn, gi mir eng Kéier zesummen iessen.

   A Ob   **B** Wann   **C** Wéi   **D** Wéini

8. Ech muss kucken, _____ ech dann Zäit hunn.

   A ob   **B** wann   **C** wéi   **D** wéini

Fokus Infinitivsätze mit *ouni*, *fir*, *amplaz*

A. Ergänzen Sie die passende Konjunktion.

1. D'Catherine léiert ganz vill, _____ den Examen ze packen.

   A ouni   **B** fir   **C** amplaz

2. D'Sportlerin mécht e perfekte Parcours, _____ ee Feeler ze maachen.

   A ouni   **B** fir   **C** amplaz

3. Mir schécken der Boma Blummen, _____ hir eng Kaart ze schreiwen.

   A ouni   **B** fir   **C** amplaz

4. De Philip mécht de Sproochentest, _____ Lëtzebuerger ze ginn.

   A ouni   **B** fir   **C** amplaz

5. D'Kanner kënnen net spillen, ____ sech knaschteg ze maachen.

   A ouni   **B** fir   **C** amplaz

6. Hëllef mir wgl. bei der Aarbecht, _____ um Canapé ze leien.

   A ouni   **B** fir   **C** amplaz

7. Wéi laang kann een iwwerliewen, _____ ze drénken?

   A ouni   **B** fir   **C** amplaz

8. Wat muss ee machen, _____ eng Wunneng ze fannen?

   A ouni   **B** fir   **C** amplaz

B. Ergänzen Sie die Sätze.

1. Ech léiere Lëtzebuergesch, _____.

   A fir de Sproochentest ze packen

   B fir ze packen de Sproochentest

   C amplaz de Sproochentest ze packen

   Lösung Seite 298

2. De Sam litt, _____.

   A ouni ze rout ginn

   B ouni rout ze ginn

   C fir rout ze ginn

3. D'Marie spillt um Computer, _____.

   A amplaz seng Aufgaben ze maachen

   B amplaz ze maachen seng Aufgaben

   C fir ze maache seng Aufgaben

4. Ech ginn op d'Gemeng, _____.

   A ouni unzemelle mech

   B fir mech ze umellen

   C fir mech unzemellen

5. De Carlo schafft aacht Stonnen, _____.

   A fir eng Paus ze maachen

   B ouni eng Paus ze maachen

   C amplaz ze maachen eng Paus

> **Merke** Nebensätze mit **ze** + Infinitiv können mit **fir** („*um zu*"), **ouni** („*ohne zu*") oder **amplaz** („*anstatt zu*") eingeführt werden. Der Infinitiv, dem **ze** vorangeht, wird ans Satzende gestellt.

Fokus **Diverse Arten von Nebensätzen**

A. Welcher Satzanfang passt nicht zum angegebenen Satzabschluss?

1. _____, soll ee Sport maachen.

   A Fir fit ze bleiwen

   B Amplaz gesond ze sinn

   C Wann ee fit bleiwe wëll

   > Lösung Seite 298

2. _____, sinn ech dacks schwamme gaangen.

   A Amplaz joggen ze goen

   B Wéi ech kleng war

   C Wann ech kleng war

3. _____, hunn ech eppes Klenges giess.

   A Wann ech Honger hat

   B Fir Honger ze hunn

   C Wéi ech Honger hat

4. _____, musst Dir bei den Direkter goen.

   A Wéi Dir reklaméiere wëllt

   B Wann Dir gär méi verdéngt

   C Fir eng Informatioun ze kréien

5. _____, hunn ech all d'Tester hei gemaach.

   A Ouni eng Paus ze maachen

   B Fir gutt Lëtzebuergesch ze léieren

   C Ob ech gutt wëll ginn

Wendungen / Wichtige Ausdrücke

dat hänkt dovun of	*das hängt davon ab*
sech knaschteg maachen	*sich schmutzig machen*

Nomen

Sproochentest, Sproochentester, m.	*Sprachtest*
Aufgab, Aufgaben, f.	*(Haus-)Aufgaben*
Feeler, Feeler, m.	*Fehler*

Verben

gehéieren	*gehören zu*
léien (hie litt)	*lügen (er lügt)*
rout ginn	*rot werden, erröten*
iwwerliewen	*überleben*
verdéngen	*verdienen (Geld)*

Konjunktionen

ob	*ob*
wann	*wenn*
wéi	*(zu der Zeit,) als*
wéini	*wenn*
datt/dass	*dass*
ouni ... ze ...	*ohne zu* + Infinitiv
fir ... ze ...	*um zu* + Infinitiv
amplaz ... ze ...	*anstatt zu* + Infinitiv

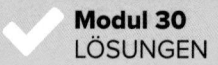

Modul 30
LÖSUNGEN

Grundlagen

IHR PUNKTE-STAND:

SEITEN 289 - 291
Indirekte Fragen
A. 1 **B** 2 **B** 3 **A** 4 **C** 5 **A** 6 **B** 7 **C** 8 **B**
B. 1 **C** 2 **A** 3 **C** 4 **B** 5 **A**
C. 1 **C** 2 **A** 3 **C** 4 **C** 5 **B**

SEITEN 291 - 292
Nebensatz mit **datt** („*dass*")
A. 1 **B/C** 2 **A/C** 3 **A/C** 4 **B** 5 **A**

SEITE 292
Konjunktionen **ob** und **wann**
A. 1 **A** 2 **B** 3 **B** 4 **A** 5 **A** 6 **B** 7 **B** 8 **A**

SEITE 293
Konjunktionen **wann** und **wéi**
A. 1 **B** 2 **B** 3 **A/B** 4 **B** 5 **A** 6 **A** 7 **B** 8 **A**

SEITEN 293 - 294
Konjunktionen **wann**, **wéi**, **ob**, **wéini** in all ihren Bedeutungen
A. 1 **C** 2 **A/C/D** 3 **B** 4 **C** 5 **C** 6 **A/D** 7 **B** 8 **A/C/D**

SEITEN 294 - 296
Infinitivsätze mit **ouni**, **fir**, **amplaz**
A. 1 **B** 2 **A** 3 **C** 4 **B** 5 **A** 6 **C** 7 **A** 8 **B**
B. 1 **A** 2 **B** 3 **A** 4 **C** 5 **B**

SEITE 296
Diverse Arten von Nebensätzen
A. 1 **B** 2 **C** 3 **B** 4 **A** 5 **C**

Sie haben zwischen 0 und 20 Punkte? Wiederholen Sie noch einmal die Aufgaben, in denen Sie Fehler gemacht haben, und schauen Sie sich die entsprechenden Stellen erneut an.
Sie haben zwischen 21 und 41 Punkte? Das könnte ein wenig besser sein. Aber nicht verzagen!
Sie haben zwischen 42 und 59 Punkte? Großartig! Analysieren Sie Ihre Fehler, und wiederholen Sie nötigenfalls die Themen, die Sie noch nicht ganz beherrschen.
Sie haben 60 Punkte oder mehr? Dir sidd wierklech tipptopp!